穿过时空的长廊
向与共和国一同经历风风雨雨的33位大先生致敬！
他们的风骨、气质、胸襟、学识和精神
带给我们民族更多光明和希望。

为先生立传　意在同行

民国风度 ②

从玉华　　陈卓/主编

北京联合出版公司
Beijing United Publishing Co.,Ltd.

目　录

1

第五篇　情至深处心怀家国

序 言

寻找 33 位平凡而高贵的灵魂

这几年，像很多人一样，我也得了典型的"上帝死了"的精神"空心病"。我不停地"买买买"，蜈蚣手一般，剁也剁不掉；长跑正成为城市中产阶级的新兴宗教，可跑道上我找不到自己的灵魂。

我焦虑这个时代变得太快。纸媒脚下的土松动、坍塌。自媒体、写稿的机器人、沉浸式 VR 报道、大数据、直播，把报业逼进了"PM2.5 值最高的雾霾"里，大家都在样子笨拙地转型。

这种不可言说的苦闷、对浮躁社会的绝望，几乎成了"中国式"精神贵族病。有时候，我觉得自己像极了那个卷在粪球里的屎壳郎，透过粪球的小孔看世界。

我想寻找更多的东西。

2011 年的那个冬天，我一直在寻找一个故去 6 年的老人——徐雪寒。

徐雪寒是谁？ 99% 的中国人不知道。在一个纪念会上，吴敬琏扬着白眉毛，没有稿件，讲了很多徐雪寒的故事，弄得有人退场抹泪。

我着了魔般，下定决心要寻找这个一生入狱 26 年、与顾准相提并论、"用生命敲击改革开放的大门"的人。

他女儿一口回绝了我。她说，对记者没有"信心"，再说她父亲非常低调，从不觉得自己是个"角儿"，大家忘就忘了他吧。

最后我写了职业生涯里最长的采访提纲，说服了她。在一间黑平平的茶馆，她很克制地讲了很多往事，好几次，她眼泪在眼眶里打滚，却忍着没掉下来。

后来，采访跟随了徐老10年的司机，他跟我学徐老最后几年，围着围嘴吃饭，掉了米粒，还颤巍巍地捡起来吃的样子。还有徐老看不惯腐败问题，气得用拐杖直戳地的样子。

好几个冬天的早上，我都在这段寻找的路上。从国务院发展研究中心原主任鲁志强的办公室出来时，我的"船舱"已经装满了"大鱼"，我像个富足的船长。他的语言像诗歌一样美，他不愿用雪花形容徐雪寒，"雪花太脆弱！"他感慨，"徐老，不是'雪'寒，是'命'寒！徐雪寒自己就是人生。"

从鲁志强办公室出来，我很激动地在寒风里给编辑打电话，编辑说："你可以动笔了。"我说："不，我还要继续寻找！"

有时看到路边晒太阳的老人，我在想，徐雪寒比他高还是矮，胖还是瘦？我又去了好几趟社科院经济所，听老人讲徐雪寒。

一个多月来，我似乎找到了徐雪寒，似乎又还没找到。但不可否认，我很"享受"这种寻找的感觉，如果没有截稿日，我相信还会寻找下去。找到最后，我都不确定我是在找一个人，还是在寻找被这个时代"弄丢"的某种东西。

如今，只要下雪了，我就会想起徐雪寒。这个名字在我心里，更是个形容词，比如努力"活得比徐雪寒还徐雪寒"。

2015年，我又踏上了一段寻找的路，寻找"比院士还院士"的99岁的李佩。

那双被皱纹包裹的眼睛，见过清末民初的辫子、日本人的刀、美国的摩天大楼，以及中国百年的起起伏伏。她经历了太多的政治运动、人生湍流，中年丧夫，老年丧女，却从不慌张，"从没有私人的事"。

记得第一次和华罗庚的儿子华光先生一起去拜访李佩，我向老人提了一个问题："您孤独吗？您有什么力量能扛下这么多事儿？"

两个小时采访出来后，华光很生气，认为我这个问题冒犯了老人。

　　我不想把李佩写成"像土星一般拖着漂亮光环"的典型人物。我只想知道一个普通女人怎样能扛着那么多事，我内心的空洞，为什么她没有；这个"时代病"，为什么她没有。

　　李佩说："我一点儿也不孤独，脑子里好些事。"她也没有"崇高的理想"，"我只能帮助周围的朋友们，让他们生活得更好一些"。

　　"钱、年龄对她而言，都只是一个数字。一个连孤独都不惧怕的人，还惧怕死亡？"一个连死亡都不惧怕的老人还惧怕一个小记者问她"孤不孤独"？

　　"孤独病"这样的社会大问题，一两句就被她化解了。

　　寻找徐雪寒、李佩成了我抵抗"空心化"时代病的良药。

　　杨绛走的那天，我的同事黄昉苨用"旧时代的新人，新时代的旧人"的角度，写出了她理解的杨绛，与微信里分分钟10万+《最贤的妻，最才的女》文风，大相径庭。此前，她买来《杨绛全集》，细读里面的每一个字。我猜想，也许杨绛能让住在三里屯繁华之地的她安静下来。

　　我还记得我的同事踩着大雪去探望"爱因斯坦的中国传人"许良英；给"布鞋院士"李小文写万言书信，说服他接受采访；到清华大学寻找骑着自行车的潘际銮……也许，大家都在寻找这个时代的稀缺品。

　　今年，我们把33位大先生的采访文字辑录成书。他们经历过大风大浪、人生旋涡、风云际会却依然"真着""疯着""傻着""不慌不忙着""要眇宜修着"……

　　"以逆境为园林，以群魔为法侣"的叶嘉莹、自比"瘦骆驼的水囊"的来新夏、自称"一生都是跑龙套"的徐雪寒、"内心强大得能容下任何湍流"的李佩、"生命从百岁开始"的杨敬年、"比中华民国还年长100天"的杨绛……或铮铮铁骨，或弱德之美，或徐徐从容，他们各有各的风流！

　　杜涌涛在《民国风度》序里写道：曾经有那样一个时代，曾经有那样一批人物。他们那样地想着，那样地活着。他们离我们今天并不遥远，但他们守护、在意、体现的精神、传统、风骨，已与我们相去甚远。读着他们，我们感觉到恍若隔世；抚摸历史，我们常常浩叹不已。民国时期的那批学人，有着与今天的学人迥然不同的风度、气质、胸襟、学识和情趣。他们的个性或迂或狷或痴或狂，但内里全不失风骨、风趣或风雅，底子上都有一个"士"字守着。总而言之，是一批不失"硬朗"，而又"好玩""有趣"的人。

　　这本《民国风度2》收录的33位大先生，多数要晚于《民国风度》里的人物，但他们的风骨一脉相承。他们有的今天还健在，多数已经故去。有的采访时音容笑貌尚在眼前，此书付梓时却驾鹤仙去。

　　报纸是易碎品，新闻的生命只有24小时，但这33位大先生的故事一定能打破新闻的铁律，流传更久、更远。

　　感谢青豆书坊让这33段寻找之旅，汇成终点，呈给读者。希望更多拥有"自由灵魂"的当代人能感应到他们。

从玉华

2016 年 12 月于北京

历尽沧桑依旧从容

杨 绛（1911—2016）

在百岁之际写下的散文集里，她说，自己一辈子"这也忍、那也忍"，无非是为了保持"内心的自由，内心的平静"。

杨 绛
旧时代的新人 新时代的旧人

杨绛最后一组散文发表于 2013 年 10 月 15 日，题目叫《忆孩时》。

她跨越百年的人生远比网络上流传的"鸡汤文"更丰富厚实。她出生在清宣统三年，不仅见过北京大街上身穿竹布长衫的学生举着小旗子高喊："打倒日本帝国主义！""抵制日货！""劳工神圣！""恋爱自由！"也熟悉张勋复辟时空旷的北京街道，以及如何在噼噼啪啪的枪响中弯腰奔跑。少年时，她见过苏州杨宅前前后后的电灯同时点亮，又霎时变暗的情景；二战后，她见过父亲生前心爱的竹根雕陈抟老祖像被陈列在上海霞飞路一家珠宝店的橱窗里。

此后的人生中，她还经历了解放军进城、新中国成立以及一波又一波的知识分子思想改造运动。

当硝烟散尽，她的作品重新出现在书店热销榜上的时候，读者已经把她视为旧时代大家闺秀的代表，钱锺书先生的夫人。

最初，籍贯江苏无锡的北京小姐杨季康是一个再新潮不过的女性。她生于清末。她常自豪地对人说："我比中华民国还年长100天！"1912年7月17日，她的父亲、同盟会成员杨荫杭为女儿庆祝一周岁生日，认定"满清既已推翻，就不该再用阴历"，因此杨绛的生日从来都只过阳历。

从小她就是个调皮的女孩，读的是"文白掺杂"的课本，在天主教会办的洋学堂里"掐琴"、跳绳、拍皮球，甚至装睡偷看修女嬷嬷头上戴几顶帽子。回老家无锡时，她的一身装扮引发当地的老少妇女涌上大街围观，乡亲们毫不客气地呼邻唤友："快点来看唉！梳则辫子促则腰裙唉！"（无锡土话："快来看哦！梳着辫子束着裙子哦！"）

长大后，与同时代的女性不同，她自己选择了职业与丈夫。

她始终与旧式妇女的柔顺挨不着边。上海沦陷时，杨绛经济困顿。但她宁愿当个代课的小学老师，也不愿应恩师的邀请去当中学校长。

她从来都知道自己要做什么。这点终身未改。

2013年出版的《杨绛全集》中收录了她的三封信，都写于2001年。一封写给中国现代文学馆常务副馆长舒乙，声明她和钱锺书不愿入中国现代文学馆；一封信写给文联领导，表示钱锺书不愿当中国文联荣誉委员，她也不愿违背其遗愿给文联的"豪华纪念册"提供十寸照片；最后一封信写给《一代才子钱锺书》的作者汤晏，在信中，杨绛表达了对他观点的不赞同："钱锺书不愿去父母之邦，有几个原因。一个重要的原因是他深爱祖国的语言——他的 mother tongue，他不愿意用外文创作。假如他不得已只能寄居国外，他首先就得谋求合适的职业来维持生计。他必须付出大部分时间保住职业，以图生存……《百合心》是不会写下去了；《槐聚诗存》也没有了；《宋诗选注》也没有了；《管锥编》也没有了。"

杨绛一辈子没用文言文跟人通过信，毛笔字写得也很"笨滞"。要说她文字里为什么没有人们熟悉的"现代气息"，杨绛觉得，"很可能是因为我太崇尚古典的清明理性"。

这样一个新式的杨绛，偏偏遇到了旧式大家庭里出来的钱锺书，一个分不清左脚右脚、兴起时会抓起毛笔往她脸上画大花猫的读书人。后来她曾经想过，要是按照钱家的规矩包办婚姻，她公公一准会给这个"痴气"的儿子找个严厉的媳妇，把他管得老老实实。

但她只想维持住丈夫的"痴气"。生孩子住院时，钱锺书常常苦着脸来汇报"我做坏事了"，有时候打翻了墨水瓶，有时候砸了台灯，有时候不小心拔下了门轴上的门球，杨绛只说："不要紧，我会修。"

晚年，她不止一次告诉别人："钱锺书曾和我说他'志气不大，只想贡献一生，做做学问'，我觉得这点和我的志趣还比较相投。"上海沦陷时，为了让丈夫安心写《围城》，她自己扛起了生火烧饭洗衣的担子，常常被煤烟熏成花脸，也并不觉得有什么难过。她曾被叫去日本宪兵司令部接受盘问，出门还不忘带一卷《杜诗镜铨》。日本人见到她，先笑说："杜甫的诗很好啊。"

2012 年在北京家中。书架上摆着钱锺书和女儿钱瑗的照片她后来说，钱锺书虽然爱学问，但也知道自己不是有钱人家子弟，先得有个职业图生存，剩余的精力才能拿来做学问。"他的志向虽然不大，却也不小了。"

她说，支撑她驱散恐惧，走过艰难困顿的，是对文化的信仰。

在日据时期，她相信中华民族不会灭亡；一如在"文化大革命"时期，她不相信传承数千年的文化，会被暴力毁于一旦。96岁的杨绛在散文集《走到人生边上》写道："我们的思想并不进步。我们读过许多'反动'的小说，都是形容苏联'铁幕'后的生活情况，……我们考虑再三，还是舍不得离开父母之邦，料想安安分分，坐坐冷板凳，粗茶淡饭过日子，做驯顺的良民，终归是可以的。这是我们自己的选择，不是不得已。"

于是她在乱世里把自己管辖的厕所打扫得纤尘不染，也有人回忆说，一次批斗会上，面对造反派的战斗檄文，其他批斗对象都低头认罪，杨绛居然红着脸、抬着头说："事实不是你们说的那样！"

她被剃了个"阴阳头"。钱锺书着急地问怎么办？

"总有办法。"她连夜给自己做了一顶假发。

"'文化大革命'以后，那些伤痕文学作家都在写他们怎么受苦，她就在受苦的过程中写到了怎么看那些人在不得不作态的情况下对他们提供的那一点点人性的温暖。"人民文学出版社副总编辑周绚隆如是说。他注意到，在杨绛笔下，许多被视为"祸端"的年轻人，到底也只是大浪潮下被革命激情裹挟的"披着狼皮的羊"。她在散文中感激这些"羊"替他们老夫妇打掩护，帮她更快地完成了《堂吉诃德》的翻译。

她说："世态人情，比明月清风更饶有滋味；可作书读，可当戏看。书上的描摹，戏里的扮演，即使栩栩如生，究竟只是文艺作品；人情世态，都是天真自然的流露，往往超出情理之外，新奇得令人震惊，令人骇怪，给人以更深刻的效益，更奇妙的娱乐。惟有身处卑微的人，最有机缘看到世态人情的真相，而不是面对观众的艺术表演。"

当一个更热闹的时代来到杨绛身边时，满世界年轻人已经很少

再能辨识出她的"新潮"了。

钱锺书去世后,她在家中著书、译书,并整理丈夫的遗作。人们赞叹她淡泊名利,竟不愿领导来拜访;大书特书她在北京三里河的寓所没有装修,只有白墙与水泥地,天花板上还有几个手印,据说,那是钱锺书在世时杨绛登着梯子换灯泡留下的;人们更惊讶于她竟将稿费全都捐给清华"好读书"奖学金,支持家境困难的大学生继续学习。

在百岁之际写下的散文集里,她说,自己一辈子"这也忍、那也忍",无非是为了保持"内心的自由,内心的平静"。

人生的最后几年,杨绛回顾自己的作品,很奇怪,自己在散文中回忆过父亲,回忆过姑母,怎么没有回忆过母亲呢?母亲忠厚老实,一点儿也不敏捷,就算有人欺负她,她往往要好一阵才明白过来:"哦,他(或她)在笑我。"妈妈爱读小说,新小说旧小说都看,有时看得痴痴地笑。

"我早已无父无母,姊妹兄弟也没有了,独在灯下,写完这篇

《回忆》，还在痴痴地回忆又回忆。"

就算到了100岁以后，杨绛每晚睡前还有翻旧书的习惯。有的书上还留着钱锺书曾经的折角、圈的点、画的勾，她跟着一一细读。

102岁那年，杨绛读着一本满是丈夫批注的《明清史论著集刊》，忽然想起童年时，爸爸牵着她的手，让她对客厅里一位说常州话的客人行个鞠躬礼，喊一声"太先生"——那位叔公，不就是这本书的作者吗？那一刻，琢磨明白了典故的她恨不能告诉锺书，自己曾见过这位作者。

——读书，思考，写作，这可能是她人生最重要的事情了。一辈子只做了那么一点事。一辈子没有停止。

黄昉苨/文
2016年5月26日

徐雪寒（1911—2005）

他可以和顾准相提并论，但著名财经记者胡舒立却并不了解他。他是三联书店创始人之一，但三联书店总经理天天看着他的照片却不知道他是谁。他坐了6年国民党的监狱、10年共产党的监狱、10年革命群众的民办"牛棚"，但他始终是个理想主义者。

徐雪寒
甘愿跑龙套的老派共产党员

他被称为"用生命敲击改革开放的大门"的人。

他被拿来与顾准相提并论。经济学家吴敬琏评价道："如果顾准在学术思想上是一个泰斗级的人物，那么徐雪寒的才能是表现在多个方面的。"实际上，他与顾准本就是挚友。

他叫徐雪寒。

一个自称"跑龙套"的大家

尽管徐雪寒的建树很多集中在经济领域，但中国最著名的财经媒体人士之一胡舒立说，自己以前从来没听过这个名字。她偶尔看到那场"徐雪寒同志百年诞辰纪念会"的发言稿，一下子就被震住了。她突然意识到吴敬琏、张卓元、冒天启、李剑阁等经济学界的重要人物为何如此真诚地来纪念这位老人，这是真正的"重如泰山"。

经济学家张卓元断言，走在大街上，99.999% 的人都不知道徐雪寒是谁。国务院发展研究中心原副主任鲁志强说，在徐雪寒离休的这个单位，如今知道这个名字的人，不会超过 20 个。

徐雪寒生于 1911 年，卒于 2005 年，原名汉臣，浙江慈溪人。他是 1926 年参加中共的老党员，新中国成立初期的外贸部副部长，后来因为潘汉年案牵连入狱，蒙冤 26 年，平反恢复工作时已经 70 岁。在国务院经济研究中心（后改为国务院发展研究中心），他当常务干事，以经济政策研究推动改革。

查《中国大百科全书》，"徐雪寒" 条目的解释只有 5 个字："中国出版家"。

可这 5 个字远远不够。

在北京的西长安街，人们看到风格独特的中国人民银行大楼，便知那是中央银行。但是没多少人知道 "人行" 是怎么成为名副其实的 "央行" 的。其中，徐雪寒功不可没。

在上海的交通银行总部，每天出入成千上万人，但鲜有人知，当年建立第一家全国性股份制银行的动议，主要是徐雪寒提出来的。直到纪念改革开放 30 年，在一篇《交通银行迁沪记》中，才终于有人提到他的名字。

在上海浦东繁华的街头，没有人会把今天的上海跟这个故人联系起来，可徐雪寒正是最早向中央提出要给上海 "松绑" 的人之一。

他和他的朋友薛暮桥等人，还改写了我们的教科书。他坚持认为 "计划经济为主、市场经济为辅" 的提法是非常错误的，给中央领导写信，建议使用 "计划和市场相结合" 的提法。

我们翻阅影响了几代人的《钢铁是怎样炼成的》，却从不知道这本书是 1942 年他冒着被杀头的危险主持出版的。

在北京美术馆东街 22 号三联书店办公楼一楼大厅内，悬挂有 9 位创始人的大幅照片。作为三联前身之一新知书店的主要创始人，徐雪寒的照片就在其中。所有照片中，他显得最为年轻，着西装，系领带，头发向后梳着，很有风度。三联书店总经理樊希安每天上下班坐电梯时，都会面对徐雪寒的照片，他也不了解徐雪寒到底是谁。

他还是孙冶方经济科学基金会的创办人之一。基金会的一间老屋子里至今保存着一份发黄的账目单，上面记载着：徐雪寒 2008.32 元。1983 年，刚平反两年的他把补发的"文革"10 年工资全部捐出，成为基金会的第一笔捐款。

直到生命的最后几年，他还有好些关于改革的想法。那时他吃不下，睡不着，整日拉肚子，身体差到"所有零件都在报警"。用被誉为"市场经济先驱"的经济学家薛暮桥的话来说，是"历史使他患了一定程度的抑郁症"。

可只要有人来看他，来谈改革，他就会思维敏捷地冒出很多火花。大家很惊讶，"他衰弱的手、腿、胃、心脏，所有的零件都满足不了他强大的大脑。"

这样一个人，几乎被这个时代"弄丢"了。他去世后，鲁志强叹息："一个时代翻过去了。"

可徐雪寒生前给自己定位，不过是"一个在漫长的革命运动中跑龙套的人"。

一个捉迷藏的人

徐雪寒的儿子小时候写过一篇作文叫《我的父亲》，写自家从一处迁到一处，又迁到另一处，却总见不到父亲。老师的批语是："像捉迷藏。"而徐雪寒的一生就真的在"捉迷藏"，直到晚年，才被宣布"游戏"结束，回到家来。

他一生有 26 年失去人身自由。1928 年初，17 岁的他因从事革命活动被捕，在国民党的监狱中待了 6 年。1955 年后又因潘汉年案蒙冤，在北京秦城监狱等处关了 10 年。"文革"中，他又在"牛棚"和"干校"中度过了大约 10 年。等到平反时，他已是七旬老人了。

有人计算，徐雪寒一生 1/3 生命用于工作，1/3 生命耗于坐牢，1/4 生命困于病痛。鲁志强感慨："徐老啊，不是'雪'寒，是'命'寒。"

在鲁志强眼里，这个老人的故事足够拍一部电视连续剧了。很多重大事件中，都闪现着这个老人的身影。

青年时期的徐雪寒"像救火队员一样"干过很多种职业。他干过地下党，为党组建过书店、对外贸易公司、钱庄、银行、纱布公司等。当年他组建的香港宝生银号，在后来美国冻结新中国外汇时，曾为国家保存大量外汇发挥过很大作用。1949年后，他又被任命为上海铁路局局长、华东贸易部部长、外贸部副部长。

干铁路时，他为抗美援朝运煤、调物资；干外经贸时，他西装革履，代表国家出访波兰、民主德国。周恩来曾称赞他，干一行，钻研一行，成绩优异。

就像突然被硬生生抽去26年，平反后的徐雪寒被"还给"社会时，这个常穿灰中山装、黑布鞋，"走在大街上没人多看两眼"的瘦老头，又在改革中发挥了巨大能量。

他只有初中学历，却发表了近百篇文章。他称自己读的是"牢监大学"。当年在国民党的牢房，他跟薛暮桥、骆耕漠等关在一个"笼子"里，他们就组成世界语学习小组，学习蔡和森的《社会进化史》、卢森堡的《新经济学》等。他还通过家里搞来了一本石印的《史记》，由于没有办法圈点，"就用洗马桶的扫帚条在印泥上一印，然后在书上一点"。

每次看守"抄笼子"时，他就事先把几本书放到马桶里，用粪便掩盖好，看守走后，再把书拿出来，把粪便刮掉，漂洗晾干后继续读。他曾风趣地形容说："读时，很有木樨香味。"

在狱中他自学日语，出狱后，还翻译了日本人写的《德国社会经济史》和《社会科学小辞典》两本书。

晚年，徐雪寒从没跟人提过这26年的委屈，连对薛暮桥、吴敬琏这些最好的朋友都"只字未提"。当有人问他时，他总是淡淡地说："我比那些死在里面的人好多了。"

他也拿他的命运跟好朋友顾准相比。有一次，有人在寒冬里拜访刚刚恢复工作的徐雪寒。在昏暗的灯光下，这个清瘦的老人，在四面透风的平房里，认真校对顾准的《希腊城邦制度》的稿子。他说："我还算幸运的，顾准能力那么强，现在只剩下一本书了。"

鲁志强说，自己很难想象，徐老这样的共产党员"坐了6年国民党的监狱、10年共产党的监狱、10年革命群众的民办'牛棚'"，"一个革命者被'革命'，一个理想主义者被理想抛弃，那是怎样的痛苦。"

有人劝徐雪寒写回忆录，他不肯。有人猜测，他是不想让那些当年整他的人难堪。他总是说：年轻人犯错误，不算什么。

监狱里留下的一点痕迹，直到他生命的最后时刻才被发现。93岁时，他已经病得生活无法自理了，司机施国通替他洗澡擦背时，惊讶地发现，老人的脊椎呈S形。徐老淡淡地说："那是监狱里落下的。"这是跟随老人10年的施国通，唯一一次听老人说"监狱"两字。

鲁志强相信，重新来过一遍，他一定还是那么选择，"不这么走，就不像徐雪寒了"。

这位部级官员最终没有留下回忆录。关于他的影像资料也近乎无。他参与创办的三联书店，如今每年出书500多种，而《徐雪寒文集》再版，只发行了1000册，现在在书店、网上都很难找到这本书了。

他几乎唯一一次出现在镜头里，是2003年。当时无锡电视台采访他，在90多平方米的简陋的家中，他坐在轮椅上被人推出来。老人的抑郁症已经残酷地摧毁了他的神经，他的脸上只有抑郁和深沉。他几乎没说什么话，最后，轮椅渐渐将他载回卧室。

整个画面只有一张蜷缩在轮椅里的背影。

"徐雪寒的气质是学不来的"

2011年11月6日的徐雪寒同志百年诞辰纪念会，气氛是"最独特、最温馨的"。

在北京木樨地国宏宾馆一个简朴的会场，原本定的50人，却来了70多人，甚至有人连夜从上海飞来。一位94岁的老人由孙女推着轮椅来，他没什么力气说话了，可他坚持要带着有些聋的耳朵来"听听"。

座位没有按官职排列，大家"一团一团"地挤坐在一起，81岁的吴敬琏的胳膊都快贴到旁边78岁的张卓元了。

会上，没人说官话、套话，没人用"伟大的""正确的""杰出的"这样的大词，大家都沉浸在细碎的故事里。吴敬琏扬着白眉毛，没有稿件，绘声绘色地讲了好几段故事。在场有人暗叫，吴老实在"是个讲故事的天才"，弄得自己鼻子一阵阵发酸，不得不退场抹泪。

鲁志强说，这是一场真正只谈"人"的纪念会。

关于自己的研讨会，徐雪寒一生也没经历过，尽管他可谓成就斐然。

为了成立央行，他分别和四大银行以及保险公司的负责人谈，经过12次座谈会，才大体达成协调。最后，他和他的同事们向国务院建议：由中国人民银行承担中央银行职责。

晚年，他有过3次调任、高升去做"正职"的机会，他都放弃了，他甘于"跑龙套"。

女儿徐淮说，父亲一辈子非常低调，从不觉得自己是个"角儿"。他常跟保姆、司机说："我们都是一样的。"

在鲁志强眼里，徐老做事，从不为"得分"，他的理想不是当官，不是当学者，用这个衡量他，"实在亵渎了他"。

"徐老不喜欢在聚光灯下，他非常'享受'，甚至自得被人们遗忘的感觉。"鲁志强学着老人"得意"的样子，最后摆摆手说，"徐雪寒的气质是学不来的。"

纪念会上，让很多人感动不已的是，这位"被冬眠"了20多年的老人，再出山时，牢狱丝毫没有钝化他的锐气，他反而以更大的热情投入了新生活。

1978年，他被安排到中国社科院经济研究所的《经济研究》杂志担任编辑。他很珍惜这份工作，天天挤公共汽车上下班，戴着副套袖，有时还把稿件带回家加班。他总是最早到单位，打扫卫生，拿铁皮水瓶打水。有年轻人过意不去，也早来抢着打水，可总抢不过徐老。

吴敬琏回忆，徐老寡言少语，工作极其认真，竟然把自1956年创刊以来的《经济研究》从头到尾看了一遍，并且把一批从来没有人发现的错别字——标出。

1979年，《经济研究》发表了一篇论述目前中国社会主义还处于不发达阶段的文章，有领导认为这是对社会主义制度抹黑，强令编辑部组织文章批判。徐雪寒很生气，据理力争，坚持文章观点是符合客观实际的，态度极为坚决。而当时，他还没平反。

徐雪寒的"直"在朋友圈是出了名的。1981年，他被彻底平反，宣判无罪，并到国务院经济研究中心任常务干事。在修建三峡大坝问题上，他明知自己的意见与决策层不合，但他还是将自己的意见提出来。他说这是他的责任。

他也不太懂官场的"规矩"。有一年，有个领导给当时很穷的研究中心拉来了一笔赞助，要给每个人发200元的奖金。徐雪寒知道后，一下子从沙发上跳起来，当着所有人的面，毫不留情面地说："这些不正当的钱、肮脏的钱，我一分不要。"

他是"改革派"。对改革过程中出现的一些波折，他常常是心急如焚。1987年，国家经济遇险，他发文预警：制止通货膨胀是当务之急。

他曾和一些经济学家研究"深圳特区货币"发行问题，后来深圳特区改革遇到一些人的质疑时，他"力挺改革"。

邓小平南方谈话发表后，徐雪寒抱病参加了相关会议。他颤抖着说："我等邓小平这个讲话等了3年了！"

他竭力主张及早开放和开发上海，要对上海"松绑"。他说："上海人灵得很"，"要解脱发展商品经济的束缚，使上海人的长袖能够舞起来"，"着眼于祖国的统一，有必要和香港、台湾比"。这一建议引起了当时中央领导的重视，很快就被采纳。那些年里，陈国栋、胡立教、汪道涵等上海市领导来京开会，必来看他。

1995年3月18日，中国社科院经济研究所举行了一场研讨会，纪念当时并不为人熟知的顾准。由此，顾准的名字进入公众的视野，被称为"中国六七十年代唯一一位像样的知识分子""近五十年来中国唯一的思想家"。而这个纪念会，正是徐雪寒和骆耕漠联合倡议召开的。

上世纪 30 年代，徐雪寒和顾准认识前，胡乔木曾提醒他："你同顾准说话时要当心！这个同志很有能力，但也有些自傲。他会掂量你的斤两。如果你没有水平，他会看不起你的。"徐雪寒说："我不把自己当作党的领导，只做一个党的联络员，总行了吧？"结果，他和顾准谈得很好，而且成了很好的朋友。

徐雪寒的文章语言朴实，没什么数学模型，却篇篇都直指当时的经济热点。他的司机施国通不懂什么"实证研究"，他只是记得，在徐老的最后 10 年里，这个对自己的存款从没概念的老人，总是让他推着轮椅，一趟趟地在菜市场转，看老百姓的经济状况。

在《徐雪寒文集》的后记中，他写道："我自己认为有一个优点，就是真实。自信每为一文，都是从'不唯上，不唯书，要唯实'出发的。"

"徐雪寒自己就是人生！"

晚年的徐雪寒盼望吴敬琏、李慎之、俞可平等可以交心的朋友来，他们每次总是交谈得很久很深。有时候客人怕他身体吃不消，向他告辞，他总是说："别走，别走，我还没说完呢。"告别时，徐老会像小孩般，眼巴巴地看着对方，哀求："下次再来，再来啊！"

在近身陪伴他的司机施国通眼里，老人晚年过得太凄苦了，他渴望精神上的战友。

而他的老朋友们一个个离他而去。顾准走了，孙冶方走了，与他一起散步的邻居李慎之走了。他的朋友薛暮桥得了帕金森氏症，每次徐雪寒去看他，薛暮桥只能使劲眨几下眼睛作为表示。

鲁志强回忆，自己每次去看徐老，他就像下一分钟时间会停止一样，争分夺秒地谈国家问题。他们的交谈几乎从不寒暄客套，鲁志强说，徐老可能直到去世都不知道我有没有结婚，有几个孩子。

徐雪寒的话题里，没有家长里短，没有友情、爱情，也不谈人生。

"可徐老还用谈人生吗？"鲁志强把身子往后仰，感慨地说，

"徐雪寒自己就是人生！"

徐雪寒对腐败深恶痛绝。在家里，一看到新闻里谈腐败问题，他就大骂。"被运动整怕了"的老伴儿，不让他骂，他却越说越激动。女儿劝母亲：让他骂吧，他心里舒服点儿，反正是宁波话，别人听不懂。

吴敬琏讲起徐老，学他用拐杖跺地的样子："当年我们反对国民党的腐败，人民才拥护我们，让我们掌了权，当了政。没想到现在腐败这么严重，这是对人民的犯罪啊！"

多年来，鲁志强看着徐老，在腐败问题上最初是从沙发上站起来骂，后来骂不动了就用拐杖跺地，再后来跺也跺不动了，就叹气，最后，他连叹气的力气都没有了。

俞可平与徐雪寒是忘年交。俞可平回忆：改革几乎可以说是徐老唯一的关注点，他晚年更感兴趣的不是经济问题，而是政治改革，或许这也是他为何喜欢与我交谈的一个重要原因。他常常对我说，政治的进步是最深刻的社会进步，对中国社会来说尤其如此。他说，不讲民主的人绝不是真正的共产党人，共产党就是追求自由、平等、人权的党，他 15 岁参加共产党就是因为这个原因。

这样的交谈末尾，徐雪寒总是吃力地望着对方说："我老了，不中用了，你们可要多出主意呀！"

徐雪寒晚年常读《二十四史》。在孙女眼里，他几乎从来都"手不释卷"。后来，他把最心爱的这套发黄了的《二十四史》，送给了俞可平。

吴敬琏评价道，顾准锋芒毕露，暮桥非常内敛、严肃，雪寒可能在他们之间，但是他们也有共同特点。

在他生命的最后 10 年里，女儿徐淮有时挽着父亲散步。她 8 岁时，常把自己挂在脖子上疯闹的父亲突然人间蒸发了。等到父亲再回来时，她已经 18 岁。有很长一段时间，她不叫他爸爸，什么也不叫，不和他说话，甚至不正眼看他。她恨父亲。

散步时，徐雪寒说得最多的一句话是："囡囡，我对不起你。"

徐淮把父亲拽得更紧了："别说了，谁又对不起您呢？"

回归到百姓之中

这个习惯了各种监牢的老人，在最后的时光里，终于被自己的身体囚禁了。

他整日睡不着、头昏，只能围着围嘴喝粥，抑郁症摧毁着他的每寸神经。医生劝他听音乐、相声，这个"无趣"的老头儿说："那不是自己的行当，不懂。"他最担心的是，"报纸新闻都看不了，怎么活啊！"

为了看《新闻联播》，这个简朴的老人拥有了他并不喜欢的"奢侈品"——一副助听器。

他让司机施国通给他念报纸，遇上《人民日报》的社论便要求多读一遍。他听新闻很认真，有时会打断施国通，问上面一个数字是多少，施国通说"好像是……"他立马说："不能好像，要一定是！"

一次，施国通念报纸念到台湾的"三张一王"（指张学良、张群、张大千和王新衡），徐老悠悠地说："小施，那一王，就是我表妹夫。"

施国通感慨道："要是您当年去台湾，像您妹夫一样当国民党的高官，哪里会受那么多罪。"

徐雪寒立刻严肃起来，硬声说："不许这么说！那是完全不同的路，信仰不一样。"

身体的门一扇扇向这个早些年还坚持每天冷水擦身、意志坚定的老人关闭了。他对鲁志强说过好几次，希望安乐死，不愿再浪费国家的医疗资源。每一次去探望，鲁志强都觉得"徐老今年够呛了"，可徐雪寒还是熬过了一年又一年。鲁志强说："那一定有一种神奇的力量（在）支撑他。"

徐雪寒其实是热爱生活的。相比老朋友薛暮桥"像被剪刀随便啃过几口"的头发，徐雪寒偶尔也会去北京最好的理发店"四联"。

有时，他像个可爱的老小孩儿。他是南方人，好甜口，遇到高兴的事儿，他总是让保姆给他一颗糖吃。

鲁志强说，徐雪寒人缘好，他既跟吴敬琏好，又跟"左派"马宾好。因为观点不同，徐雪寒常跟马宾争论不休，可两人间有着深

1954年徐雪寒率团访问波兰

厚的友谊，因为他们都是坚持说"真话"的人。

女儿徐淮回忆，记得爸爸曾说，"如果说我一生还干了一些事，有三点：肯下力，不自私，宽待人"。这实在不是什么豪言壮语，要做到却实在不容易，但徐雪寒做到了。

吴敬琏是最后一个见到徐雪寒的人。2005年4月27日，他去北京医院探望徐雪寒。他像是睡着了，吴敬琏俯身在他身边说："雪寒同志，我是吴敬琏，我来看你……"一滴清泪从徐老的眼角滑落，同时，监护仪上的血压数字也开始往上跳动。

吴敬琏走后几分钟，徐雪寒去世了。

纪念会上，吴敬琏想起了上海学者许纪霖对李慎之先生的一个说法，形容李是"老派共产党"。

吴敬琏说：按我的理解，这个"老派共产党"就是说虽然共产党成了执政党，已经掌了权，但是这些"老派共产党"仍然坚持他们年轻时参加共产主义运动时的理想和抱负，并为之而奋斗，我觉得用这种话来形容雪寒，是非常贴切的。

遵照徐雪寒的遗愿，他捐献了遗体，并捐献角膜，但最终因为角膜老化，没有派上用场。按照级别，他本来"有资格"进八宝山革命公墓。但最终，儿女们把徐雪寒夫妇合葬在了八宝山人民公墓。女儿徐淮说，他们来自普通百姓，就让他们最后回归到百姓之中吧。

司机施国通常常想起这位老人。每年徐老生日、祭日，他都会带上鲜花，去八宝山看看"比跟自己父亲感情还深的"老爷子。可他总是迷路，因为"老百姓的墓地太拥挤了"。

鲁志强说，他也常会想起这个"值得嚼、品格几乎没有瑕疵"的老人，自己一辈子没什么偶像，但徐雪寒算一个。

俞可平把那套《二十四史》整整齐齐地摆在书架上最引人注目的地方。他说，每当看到这套书，就像看到徐老本人一样亲切，感到有一种力量在催促着自己。

第一版《徐雪寒文集》出版时，封面用的就是两片六个角的雪花。有人说这是最适合的封面，用雪花形容徐老高洁的人生，再恰当不过。

可鲁志强认为，不能用雪花形容徐老的一生，"雪花太脆弱！"

鲁志强花了两个小时在纸上写了好多词，力图概括这个"不是生猛海鲜型，完全不起眼"的徐雪寒，可他都不满意。他说，自己实在找不出一个词能概括徐老。

最后，他下定决心："如果一定要用一个词描述他，那我只能用一个名词，就是'徐雪寒'！"

从玉华 / 文

2011 年 12 月 21 日

李　佩（1918—2017）

1979年中美正式建交，她和李政道一起推动了中美联合培养物理研究生项目，帮助国内第一批自费留学生走出国门。当时没有托福、GRE考试，李佩先生就自己出题，李政道在美国哥伦比亚大学选录学生。如今，没人数得清，中科院的老科学家中，有多少人是她的学生。

81岁那年，她创办"中关村大讲坛"，比央视"百家讲坛"还早、还高规格。

李　佩
坚强源自没有什么可以再失去

进入人生的第99个年头，李佩大脑的"内存越来越小"，记忆力大不如以前了。她一个月给保姆发了三回工资；她说现在的电视节目太难看了，"民国的人去哪儿了"？

在她家狭小的客厅里，那个腿儿都有些歪的灰色布沙发，60年间，承受过不同年代各色大人物各种体积的身体。钱学森、钱三强、周培源、白春礼、朱清时、饶毅、施一公……都曾是这个家的客人。

这样的沙发也不是随便能坐到的。有时人来得多了，甭管多大的官儿，都得坐小马扎。

她曾跑遍了半个地球，如今，她的背驼得像把折尺，一天的大多数时光蜷缩在朝南书房的沙发里，困了就偎在电暖气边儿上打盹，即使三伏天，她也觉得冷。前些年，眼看年轻人骑车撞了中关村的老科学家，她特生气，跟在后头追。如今，她连站到阳台上向朋友招手的力气都快没有了。

只有牙齿和胃，还顽强地工作着。她的胃曾装过胡适家的肉菜、林家翘家的饺子、钱学森家的西餐。那个时候，厨艺很差的周培源只有洗碗的份儿。如今，她还像年轻时在美国一样，爱吃蒜香面包，用自己的牙慢慢地磨。

她的眼眉越来越低垂，这双被皱纹包裹的眼睛，见过清末的辫子、日本人的刀、美国的摩天大楼，以及中国百年间的起起伏伏。如今，没什么能让这个百岁老人大喜大悲了。

她一生都是时间的敌人。70多岁学电脑，近80岁还在给博士生上课。晚年的她在10多年时间里，开设了600多场"中关村大讲坛"，比央视"百家讲坛"还早、还高规格。

没人数得清，中科院的老科学家，有多少人是她的学生。甚至在学术圈里，从香港给她带东西，只用提"中关村的李佩先生"，她就能收到了。她的"邮差"之多、级别之高，令人惊叹。

在钱学森的追悼会上，有一条专门铺设的院士通道，裹着长长白围巾的李佩被"理所当然""舍我其谁"地请在这条道上，有人评价这个只有几十斤重的瘦小老太太"比院士还院士"。

她被称作"中科院最美的玫瑰""中关村的明灯""年轻的老年人"。

"生活就是一种永恒的沉重的努力"

这位百岁老人的住所，就像她本人一样，颇有些年岁和绵长的掌故。

中关村科源社区的13、14、15号楼被称为"特楼"，那里集中居住了一批新中国现代科学事业奠基者：包括1948年中央研究院的9名院士、第一批254位学部委员中的32位、23位"两弹一星"功勋奖章获得者中的8位。钱学森、钱三强、何泽慧、郭永怀、赵九章、顾准、王淦昌、杨嘉墀、贝时璋等人都曾在这里居住。

如今，破败不堪的"科源社区"牌子，"科"字只剩下了"斗"字，老楼的楼道里贴满了"疏通下水道"的小广告，小院里四处堆

郭永怀(1909-1968)

力学家，美国加州理工学院博士(1945)，中国科学院学部委员(1957)，曾任美国康奈尔大学教授，中国科学院力学研究所研究员、副所长等职。获两弹一星功勋奖章。

参观"两弹一星"纪念馆

放着杂物。这里不再是"中国最聪明头脑的聚集地"，租住着很多外来打工者，随便敲开一扇门，探出一颗脑袋："王淦昌？贝时璋？郭永怀？没听说过。"

中关村的房价都快十万元一平方米了。不远处的 LED 超大屏幕闪烁着最新款的高科技产品广告。

李佩先生 60 年不变的家，就像中关村的一座孤岛。

这座岛上，曾经还有大名鼎鼎的郭永怀先生。

郭永怀李佩夫妇带着女儿从美国康奈尔大学回国，是钱学森邀请的。钱学森在 1956 年数次致信郭永怀："请你到中国科学院的力学研究所来工作，我们已经为你在所里准备好你的'办公室'，是一间朝南的在二层楼的房间，淡绿色的窗帘，望出去是一排松树。""已经把你的大名向科学院管理处'挂了号'，自然是到力学所来，快来，快来！"

回国后，郭永怀在力学所担任副所长，李佩在中科院做外事工作。直至我国第一颗原子弹成功爆炸的第二天，郭永怀和好友一起开心地喝酒，李佩才意识到什么。

1968 年 10 月 3 日，郭永怀再次来到青海试验基地，为中国第一颗导弹热核武器的发射从事试验前的准备工作。12 月 4 日，在试验中发现了一个重要线索后，他在当晚急忙到兰州乘飞机回北京。5 日凌晨 6 时左右，飞机在西郊机场降落时失事。

当时飞机上十几个人，只有一个人幸存。他回忆说，在飞机开始剧烈晃动的时候，他听到一个人大喊："我的公文包！"后来的事情就不记得了。

在烧焦的尸体中有两个人紧紧地抱在一起，当人们费力地把他们分开时，才发现两具尸体的胸部中间，一个保密公文包完好无损。最后，确认这两个人是 59 岁的郭永怀和他的警卫员牟方东。

郭永怀曾在大学开设过没几个人听得懂的湍流学课程。

失去丈夫的李佩正经历着人生最大的湍流。

据力学所的同事回忆，得知噩耗的李佩极其镇静，几乎没说一句话。那个晚上李佩完全醒着。她躺在床上几乎没有任何动作，偶然发出轻轻的叹息，克制到令人心痛。

在郭永怀的追悼会上，被怀疑是特务，受到政治审查的李佩一个人孤零零地坐在长椅上。在当时的环境里，敢于坐在李佩旁边，说一句安慰的话，都需要莫大的勇气。

郭永怀走后 22 天，中国第一颗热核导弹试验获得成功。

那些时候，楼下的人常听到李佩的女儿郭芹用钢琴弹奏《红灯记》中李铁梅的唱段："我爹爹像松柏意志坚强，顶天立地……"

后来，李佩将郭永怀的骨灰从等级森严的八宝山烈士公墓请了出来，埋葬在中科院力学所内的郭永怀雕塑下面。同时，李佩还将一同牺牲的警卫员牟方东的部分骨灰，也安放在雕塑下面。

"小牟太年轻了，太可惜了，也是为着跟他，所以才牺牲的。"李佩说。

郭永怀走后没两年，十几岁的女儿去内蒙古当知青，李佩到合肥中科大继续接受审查和劳动改造。政治的湍流一次次把她们卷进漩涡。

此后的几十年来，李佩先生几乎从不提起"老郭的死"，没人说得清她承受了怎样的痛苦。只是，她有时呆呆地站在阳台上，一站就是几个小时。

更大的生活湍流发生在上个世纪90年代，唯一的女儿郭芹也病逝了。没人看到当时近八旬的李佩先生流过眼泪。老人默默收藏着女儿小时候玩的能眨眼睛的布娃娃。几天后，她像平常一样，又拎着收录机给中国科学院研究生院的博士生上英语课去了，只是声音沙哑。

"生活就是一种永恒的沉重的努力。"李佩的老朋友、中国科学院大学的同事颜基义先生，用米兰·昆德拉的这句名言形容李佩先生。

女儿郭芹最后一次见到住楼下的作家边东子，用一双诚恳的眼睛说："写写我爸爸吧。"边东子后来写了《中关村特楼的故事》，他说："即使是功力深厚，又如何能写全、写透、写准她了不起的爸爸和同样了不起的妈妈！"

1999年9月18日，李佩坐在人民大会堂，国家授予23位科学家"两弹一星"功勋奖章。郭永怀先生是23位"两弹一星"元勋中唯一的烈士。

李佩回家后，女儿郭芹的朋友们都嚷着来她家看"那坨大金子"。该奖章直径8厘米，用99.8%纯金铸造，重515克——大家感慨，"确实沉得吓人"。

4年后，李佩托一个到合肥的朋友，把这枚奖章随手装在朋友的行李箱里，捐给了中国科学技术大学。时任校长朱清时打开箱子时，十分感动。

"捐就是捐，要什么仪式"

在李佩眼里，没什么是不能舍弃的。

几年前，一个普通的夏日下午，李佩让小她30多岁的忘年交李伟格陪着，一起去银行，把60万元捐给力学所和中国科学技术大学各30万。没有任何仪式，就像处理一张水费电费单一样平常。

"捐就是捐，要什么仪式。"老太太对李伟格说。

至今，李佩先生客厅里的茶几还是 60 年前回国时家里的陪嫁。

早年从美国带回的手摇计算机、电风扇、小冰箱，捐了。郭永怀走后，写字台、书、音乐唱片，捐了。李佩先生一生教学的英语教案，捐了。汶川大地震，挽救昆曲，为智障幼儿园，她都捐钱。

有后辈说她对待名利的样子，就像居里夫人把最大额的英镑当书签，把"诺奖"的奖牌随意给孩子当玩具。

郭永怀 104 岁诞辰日，李佩拿出陪伴了自己几十年的藏品，捐给力学所：郭永怀生前使用过的纪念印章、精美的计算尺、浪琴怀表，以及 1968 年郭永怀牺牲时，中国民航北京管理局用信封包装的郭先生遗物——被火焰熏黑的眼镜片和手表。

如今，这些东西就保留在力学所的 304 房间，深棕色的门上面写着"郭永怀副所长办公室"。隔壁是"钱学森所长办公室"。钱学森说得没错，从办公室往外看，是一排高大葱绿的松树。

时间拔高了松树，也馈赠了李佩很多人生的礼物。

当"文革"结束，她重新恢复工作时，已经快 60 岁了。她筹建了中国科学院研究生院（后更名为"中国科学院大学"）的英语系，培养了新中国最早的一批硕士博士研究生。

当时国内没有研究生英语教材，她就自己编写，每次上课，带着一大卷油印教材发给学生。这些教材被沿用至今。

她做英语教学改革，被美国加州大学洛杉矶分校语言学系主任 Russel Campbell 称作"中国的应用语言学之母"。她大胆地让学生读《双城记》《傲慢与偏见》等原版英文书。所有毕业生论文答辩，她都要求学生用全英语做陈述。

很多学生回忆，李佩先生从不大声训斥学生，却有一种"微笑的严厉"，她把最淘气的学生调在第一排，这种无形的压力让人做梦都在说英语。

如今，在中国科学院大学英语系主任彭工眼里，总给同事带小点心的李佩先生做事果断，是一种"有人情味的果断"。

钱、年龄对她而言，都只是一个数字

这个经历过风浪的女人，在那个年代做了很多擦边儿的事，有的甚至是"提着脑袋"在干。

1979 年中美正式建交，李佩就向学生介绍美国大学招收研究生的办法，鼓励大家申请自费留学。

"文革"刚刚结束，人才匮乏。李佩就找到那些曾被打成右派甚至进过监狱的英语人才，从事教学工作。事实证明，她的眼光很准。她请出山的"右派"许孟雄，是邓小平同志 1979 年 1 月出访美国时英文文件的把关人。

她还和李政道一起推动了中美联合培养物理研究生项目，帮助国内第一批自费留学生走出国门。到 1988 年该项目结束时，美国 76 所优秀大学接收了中国 915 名中美联合培养物理研究生。当时没有托福、GRE 考试，李佩先生就自己出题，李政道在美国哥伦比亚大学选录学生。

1987 年，李佩退休了，她高兴地说，坐公交车可以免票了。

可她没有一天退休，她接着给博士生上英语课，一直上到 80 来岁。

中国科学院大学党委副书记马石庄是李佩博士英语班上的学生。如今，他在大小场合发言、讲课，都是站着的。他说，这是跟李佩先生学的，"李先生 70 多岁在讲台上给博士生讲几个小时的课，从来没有坐过，连靠着讲台站的姿势都没有"。

他说，他一生中遇到过很多好老师，但"我见过的最伟大的老师是李先生"。李先生传授的不仅是知识，而且是"人学"，人格的完善。如果一个教育者只是传授知识，那无非是"从小硬盘变成了大硬盘"。

在马石庄眼里，李先生是真正的"大家闺秀"。她在北京大学念书，北平沦陷后，她从天津搭运煤的船到香港，再辗转越南，进入云南西南联大。她在日本人的轰炸中求学。

她曾作为中国代表，参加巴黎的第一次世界工联大会和第一次世界妇女大会。她和郭永怀放弃美国三层的小洋楼，回国上船时把汽车送给最后一个给他们送行的人。

"他们这代人回国为的是什么？她一生对教育的关心，对国家命运的关心，不是今天的我们能完全理解的。"马石庄说。

多年的交往中，他感觉这个老太太淡定极了，从没有慌慌张张、一丁点邋遢的时候。"一个人从战火中走出来，经历过无数次政治运动，走过大半个地球，中年丧夫，老年丧女，还有什么让她'不淡定''不沉静'？"

"100年里，我们所见的书本上的大人物，李佩先生不但见过，而且一起生活过、共事过，她见过太多的是是非非、潮起潮落。钱、年龄对她而言，都只是一个数字。一个连孤独都不惧怕的人，还惧怕死亡吗？"

马石庄说，老人从没跟学校提过一件私人的事儿。

只有一次，老太太给马石庄打电话，说"有一件私人的事求学校"。马石庄心里一咯噔，李先生从没开过口啊。

原来，李先生住的楼后面有一间锁了很久、没人用的平房，李佩希望学校把钥匙给她，她想给小区老人收拾出一个读书看报下棋的地方。

只是，李佩先生越来越忘事。在一个半小时的时间里，她7次提醒戴世强回上海后帮她买一瓶瑞典进口的药，临离开的时候大家才知道她是帮照顾她的保姆要的。

"李先生一辈子哪里有过私人的事儿！"马石庄感慨。

他不喜欢用"玫瑰"这样的词形容李佩先生，"太轻太花哨了，李先生是永远微笑着迎接明天的人"。

一个老朋友也认为"玫瑰"太轻了，她说，李佩先生有极大的气场，像磁铁一样，能把周围的东西都吸引过来。

毕业后，马石庄选择了当老师，他说，这种选择是受了李佩先生影响，"从李先生身上，看到了教师就是这个社会的精神遗传基因"。

探求"钱学森之问"

李佩的晚年差不多从 80 岁才开始。

81 岁那年，她创办"中关村大讲坛"，从 1998 年到 2011 年，每周一次，总共办了 600 多场，每场 200 多人的大会厅坐得满满当当。

她请的主讲人也都是各个领域的"名角儿"。黄祖洽、杨乐、资中筠、厉以宁、程郁缀、沈天佑、高登义、甘子钊、饶毅等名家，都登过这个大讲坛。

大讲坛的内容也五花八门：农村问题、中国古代文学史、天体演化、昆虫、爱斯基摩人的过去现在与未来、美国总统大选、天津大鼓等等。

"也只有李佩先生能请得动各个领域最顶尖的腕儿。"有人感慨。

开论坛是极其琐碎的工作。有时候和主讲人沟通，从主题到时间确定，来来回回要打几十个电话。确定了主题，她就带着年轻的朋友在中关村四处贴海报，她说，不能贴得太早，也不能贴在风口处，以免被风刮跑了。

请来这些大人物讲课，全都是免费的。有一次，她邀请甘子钊院士，"老甘啊，我可没有讲课费给你，最多给你一束鲜花。"甘院士说："你们的活动经费有限，鲜花也免了吧。"后来，花也是李佩先生自己买的。

等到 94 岁那年，李佩先生实在"忙不动"了，才关闭了大型论坛。在力学所的一间办公室，她和一群平均年龄超过 80 岁的老学生，每周三开小型研讨会，"除了寒暑假，平时都风雨无阻"。这样的讲坛延续至今。

有人回忆，在讨论"钱学森之问"求解的根本出路时，三个白发苍苍的老者并列而坐。北大资深教授陈耀松先生首先说了"要靠民主"四个字，紧接着，郑哲敏院士说："要有自由。"随后，李佩先生不紧不慢地说："要能争论。"这一幕在旁人眼里真是精彩、美妙极了。

她和老朋友李政道也探讨这个问题。李政道说单用一个"答"

第一篇 历尽沧桑依旧从容

29

字不太合适，所以用了"求答钱学森之问"。李政道说，学习最重要的是要问，"要创新，需学问，只学答，非学问"。

喜欢音乐、年轻时编排过《白雪公主》，演小矮人的李佩先生，也常和李政道谈艺术和科学的关系。

春节时，李政道用炭笔画虎、画狗，当贺年卡送她。他俩认同："艺术和科学是一个硬币的两面，都追求着深刻性、普遍性、永恒和富有意义。"

当然，李佩先生也有发飙的时候，不管自家客厅里，对面坐的是什么大人物。

她反对大学扩招。她反对现在大学减少英语课时。她对坐她家沙发上的一名大学副校长直摇头，她反对人民大学办物理、化学学院，反对清华大学办医学院。她反对"北大要把1/3副教授筛选下去，改革进行不下去"的悲观论调。

她主张教育不能赶热闹。"要坐得住，不要赶热闹。"以前这句话常从郭永怀厚厚的大嘴说出来，他开口讲话时笑意总是从嘴上放射到整个脸部。

在她90多岁的时候，她还组织了20多位专家，

郭永怀、李佩夫妇陪女儿弹钢琴

把钱学森在美国20年做研究用英文发表的论文，翻译成中文，出版《钱学森文集（中文版）》。对外人，李佩先生常常讲钱学森，却很少提郭永怀，旁人说李先生太"大度"了。

"我一点儿也不孤独，脑子里好些事"

她本可以得到很多荣誉，几十年里，无数协会想让这个能量超大的老太太当会长，她都拒绝了。她唯一拿到手的是一个长寿老人

之类的奖牌。

因为访客太多，李先生家客厅的角落摆了很多小板凳。有小朋友来看她，八卦地问："您爱郭永怀先生什么？"她答："老郭就是一个非常真实的人，不会讲假话。老郭脾气好，不像钱学森爱发脾气。"

曾有人把这对夫妇的故事排成舞台剧《爱在天际》，有一次，李佩先生去看剧，全场响起了热烈的掌声。人们从她的脸上，读不出任何表情，那似乎演着别人的故事。

这群年轻演员曾拜访过李佩先生。一位演员说，当他见到了郭先生生前最后一封家书，见到了郭先生的自画小像，郭先生不再是那个遥不可及的雕像，他开始明白李佩先生的那句台词了："我等你，你不回来我不老。"

可"不老"的李佩先生确实老了，她的背越来越弯，开始只是大钝角，后来角度越来越小。

曾经在学生眼里"一周穿衣服不重样"、耄耋之年出门也要把头发梳得一丝不乱、别上卡子的爱美的李佩先生，已经顾不上很多了。

她曾趴在窗边送别客人的阳台蒙满了灰尘，钢琴很多年没有响一声了，她已经忘了墙上的画是她曾和郭永怀相恋的康奈尔大学。记忆正在一点点断裂。

早些年，有人问她什么是美。她说："美是很抽象的概念，数学也很美。"如今，她直截了当地说："能办出事，就是美！"

很少有人当面对她提及"孤独"两个字，老人说："我一点儿也不孤独，脑子里好些事。"

"与其说她忙碌，不如说这是一种忘记。"马石庄评价。

她也过了说理想的年龄。"我没有崇高的理想，太高的理想我做不到，我只能帮助周围的朋友们，让他们生活得更好一些。"她淡淡地说。

相反，她感慨自己"连小事也做不了"。看到中关村车水马龙，骑自行车的人横冲直撞，甚至撞倒过老院士、老科学家，她想拦住骑车人，但"他们跑得太快，我追不上了"。

尽管力气越来越小，她还是试图对抗着庞大的推土机。

在寸土寸金的中关村，13、14 和 15 号楼也面临拆迁命运。李佩和钱三强的夫人何泽慧院士等人，通过多种渠道呼吁保护这些建筑。2012 年，北京市政协通过动议案，要求将中关村"特楼"建成科学文化保护区。中关村的居民们感慨：多亏了这两位老太太！

何泽慧院士几乎成了李佩先生仅存的老邻居。院里的老人纷纷走了，钱学森走时，李佩先生还能去送行，等到钱学森的夫人、她的挚友蒋英去世的消息传来时，她已经没力气去送最后一程，只能让李伟格代表她送去了花圈，伤心的她连续 3 个月没睡好觉。2015 年她又给老朋友、101 岁的张劲夫送去了悼词。

如今，"内心强大得能容下任何湍流"的李佩先生似乎越来越黏人，有好友来看她，她就像小孩一样，闹着让保姆做好吃的，离开时，她总是在窗边看好友一步三回头地走远，一点点变小。

摘下助听器，李佩先生的世界越来越安静。似乎也没有太多年轻人愿意听她唠叨，知道李佩这个名字的年轻人越来越少了。

但每一个踏进 13 号楼李佩先生家的人都会很珍惜拜访的时间，会努力记住这个家的每一处细节，大家都明白，多年后，这个家就是一个博物馆。

从玉华 / 文
2016 年 1 月 13 日

谢家麟（1920—2016）

他躲避日本飞机轰炸时，大行李箱里一半都是烧制高能绝缘材料的滑石。他因所学专业而被美国限制离境。回国后从一无所有做起了我国最早的电子直线加速器。他一直不知道是谁推荐了自己评选院士。有学生问他是否后悔回国，他说"我留在美国，是锦上添花。回到中国，却是雪中送炭"。他被誉为"中国粒子加速器之父"。

谢家麟
"白手起家"的科学大师

在生命的最后岁月中，谢家麟把仅剩的一点点精力都留给了"粒子加速器"。他坚持看英文专著和学术论文，85岁时还向学生推荐《自然》杂志上最新的文章；迈过90岁的门槛，他每周一仍挂着拐杖，去中科院高能所"问问所里最新的科研进展"；就在上个月底，96岁的他还参加了所里的院士座谈会，用略快的语速畅谈着"高能所的未来"。

一切都和过去60年没什么两样。

只是，如今在北京玉泉路那个四四方方的大院里，人们再也见不到他的身影了。2月20日上午8时12分，国际著名加速器物理学家、中国科学院院士、2011年国家最高科技奖获得者谢家麟先生因病在京逝世，享年96岁。

在谢先生的遗体告别仪式上，前来吊唁的人排了百米长队，有人说那天"来了四五百人"。在李政道、杨振宁、丁肇中等发来的唁电里，人们回顾了这位科学家"钟情"一生的事业：研制世界上能量最高的医用加速器、研制我国第一台可向高能发展的加速器、研制北京正负电子对撞机……为纪念他在粒子加速器科学技术上的贡献，国际天文学联合会将一颗小行星命名为"谢家麟星"。

桩桩件件，半个多世纪以来，谢家麟的名字一直和"加速器""绑"在一起。"即便是在最困难的时候，他也没想过放弃。"中国科学院高能物理研究所研究员、曾任高能所副所长的张闯说。

不过，生前聊起自己学术生涯中"最值得自豪"的事情时，谢家麟是这么总结的："我就是胆子大，什么都不怕！"

6年前的一天，谢家麟在自家几十平方米的小屋中接待了中科院高能物理研究所来访的同事。当时对方正为他准备申报国家最高科学进步奖的材料，很多证书都需要找到原件。

结果，谢家麟颤颤巍巍地从房里抱出一摞废报纸。

整个下午，在那堆"废报纸"中，两人一会儿抽出一张盖着部委章子的奖状，一会儿又翻出鎏金大字写就的"国家级"硬壳证书。可左找右找，也不见那张标着"国家科技进步特等奖"的证书。

那一年，谢家麟90岁。他的记忆力已大不如前了，他记不清证书放在哪儿了。记者采访时，他偶尔会露出"茫然"的表情。同事和他回忆过去的科研岁月，他"仿佛在听别人的故事"。

1955年，归国留学生谢家麟与妻子和长子在家中

这个"什么都不怕"的物理学家在1955年离开斯坦福大学回国，回来就遇上了"最糟糕的情况"。用他自己的话，

就是"一无所有"加"一无所知"。加速器试验用的元器件和装置，基本是"要啥没啥"，试验人员全是新来的大学生，不少人连加速器是什么都没听说过。

"我们想吃馒头，但什么都没有，能怎么办？"

"从种麦子开始！"谢家麟自问自答，扯着嗓子喊出这句口号。

这位刚过而立之年的留美博士，带着十几个大学生、一篇论文和一张加速器外形图，从画图、打造零件开始做起我国最早的电子直线加速器研制工程——顺便还给"同事"挨个儿补习"核物理""电子学""微波技术"等课程。

谢家麟说，他"有自己动手的习惯"。那年头，中午只有一个小时做饭休息，可做饭要点火烧煤，大家都赶不及。谢家麟就把闹钟和小电机连成一个新机械，到点了自动打开煤炉。

中科院高能所研究员李广林还记得昔日"热火朝天"的景象，在工厂研究试验器材，戴着黑框大眼镜的谢家麟把中山装一脱，衬衣袖口一挽，就加入了搬运大件儿的学生队伍，"一点儿领导架子都没有"。

这和李广林印象中"大科学家的形象"完全不符。谢家麟能和大学生"打成一片"。上百万元的子项目，他组织讨论后，当着众人面宣布采用新同事的意见。

初出茅庐的大学生把试验器材搞砸是常有的事儿，但人们始终没见谢家麟生气过。他不训人，只是叫齐了人再把器材的原理仔细梳理一遍，最后撂下一句"咱们再接着做"。

一次，李广林半夜返回实验室，发现自己的"老师"一个人默默坐在实验台前，烟一根接着一根地抽，烟蒂落了一地。

高导无氧铜的波导管、加速腔、电解槽……一个个器件完成后，十几人的小团队还多少掌握了些焊接、车床技术。8 年后，我国第一台高能量电子直线加速器建成，随即投入"两弹"研制工作。后来，这台加速器还陆续在灭菌保鲜、肿瘤治疗、环境保护等领域应用。

那时，常常一天只睡四五个小时的谢家麟已患上肝炎。

他戒了烟，但没有停止工作。

有一句话谢家麟始终挂在嘴边："科研工作就是解决困难、问题，没有困难就不叫科研，科研工作的根本精神就是创新，没有路可走，你自己就得想出一条路。"

"文革"后，中央决定上马高能加速器工程，谢家麟又一次做了"先种麦子"的决定。他和同事朱洪元全世界跑，张罗着不同肤色不同语种的专家坐到一块儿，谈谈"加速器的未来"。最终，他们确定了正负电子对撞机方案。

在20世纪80年代，这个想法是"极为大胆"的。此前，高能所的研究都集中在已有一定研究基础的质子领域，唯独他提出的方案是全新的。那时大多数自然科学基金项目只有3万元经费，要把差不多9000万元的"天文经费"用在这儿，没人敢打保票。

很多人回忆，正负电子对撞机的建设过程，就是一段漫长的"废寝忘食"的日子。

谢家麟因为肝病，落下了严重失眠的后遗症。为了工作，他需要足够的休息，这个60多岁的老人开始偷偷地吃安眠药。严重的时候，他一晚上连吃三次药才能入睡。

第二天早起开会，他走起路来歪歪扭扭，甚至无法掌握方向。

一年后，他找到中科院领导，请求辞去工程经理的职务。那是在1986年，工程已走过设计、预研、部件加工，就剩下最后一步——安装。

"他原本可以等到完工的，可谢先生说，自己精力不够了，应该退位让贤，交给年轻人去做。"张闯很敬佩，"谢先生真是一点不计较名利。"

在给谢家麟整理申报材料时，所里的同事一点点向老人确认当时工程的细节，没想到，谢家麟满口都是"这个不是我做的，我只提了些意见"，"那个是某某做的，你得问他"。

在高能所这么多年，谢家麟似乎从来没学会"人情世故"。有时，看到他在指导学生论文时做了大量工作，学术秘书把"谢家麟"的名字也放在作者之列。谢先生会生气："对学术界'搭便车'的陋习，我是十分反对的。"他坚决要求把自己名字划去。

还有同事曾悄悄地问他，当年是怎样评上中科院院士的，他说，"我至今不知道谁是我的推荐人"。

他在没有电梯、老旧的楼里住了快 60 年，和当律师的父亲一样，他喜欢字画和写诗。在狭小客厅的墙壁上，他搭了一根弯弯扭扭的木条，用来挂一些收藏的字画。可他太忙了，甚至没时间给这些"宝贝"挪个地方。

在他逐渐衰老的大脑里，只装得下发展越来越快的加速器事业。

他的办公室里，偌大的办公桌被一摞一摞、厚厚的、装订好的外文期刊堆满。90 多岁的他仍坚持看邮件和论文，"还得学习，要不然跟（高能）所里完全脱节了"。

没人知道老人如此高龄仍坚持学习的动力何在。直到后来，谢先生经不住再三邀请，决定写下自己的经历，"鼓励年轻人前进"。

人们那时才第一次了解到，多年前，日本人占领北京时，燕京大学物理系学生谢家麟每次回家，都不得不在日本兵的岗哨前停步。眼看过往的老百姓遭到殴打、搜身，谢家麟一字一句地写下，"那时除了觉得屈辱，更有了强国图存的念头"。

1943 年，他与新婚妻子范绪篯，跟着单位辗转于桂林、贵阳、昆明等地，在日本人的炮火中一边转移，一边度"蜜月"。他们的行李箱里，装了半箱准备烧制高压绝缘材料的滑石，每到一个地方，夫妻俩就去找铁匠铺继续烧炼。

抗战胜利，大儿子刚满 4 个月，谢家麟就决定赴美留学。那时候他脑子里想的是"报国"。

在美国，他写过这样的诗：黄河横渡浑相似，故国山河入梦游。

了解了这些往事后，张闯说，自己能理解谢先生对年轻人的期待了，"在谢先生眼中，青年才是科学的未来"。

老人把国家最高科技奖的奖金悉数捐给所里，他提了唯一一点要求，"要用到青年身上"。更早些时候，谢家麟就想方设法地给团队里的年轻人争取出国学习的机会。1978 年，清华大学工程物理系加速器教研组安排学生前往高能所参观，时任"八七工程"总工程师的谢家麟亲自接待了这些学生。

第一篇 历尽沧桑依旧从容

中科院高能所研究员高杰还记得，穿着四兜蓝色工装的谢先生花了大半天的时间，向他们详细介绍了未来加速器的发展计划。

"我们这些刚入学的大学生，在他心里分量一定很重，他对年轻人的未来有很高的期待，才会用心准备那么多内容。"

在担任高能所副所长时，张闯"压力很大"，谢家麟拄着拐杖一路从中关村赶到所里的控制室，安慰他："你们年轻人要敢于承担责任。"后来，张闯计划对谢家麟领导建造对撞机建设时的加速器相关研究室的设置进行调整，他一度"忐忑不安，怕谢先生反对"，可在加速器中心成立大会时，谢家麟坐到他旁边，笑着跟他说："学科在发展，你们做得很好。"

谢家麟曾受邀多次为中国科学院大学的新生做讲座，每每结束，他总会被学生团团围住，工作人员想结束，谢家麟又笑起来："不打紧，我曾经也是学生。"

还有一次，台下有个胆大的学生提问："您从美国回来以后，后悔过吗？"

在现场的张闯有些担心，生怕气着谢先生。当年谢先生写书时，一个字一个字往电脑里敲，但一次误操作让电脑中的文字全部消失。一着急，谢家麟脑中风，住进了医院。

可这回谢家麟没着急，他笑着告诉那名学生："不后悔。我留在美国，是锦上添花。回到中国，却是雪中送炭。"

袁贻辰 / 文

2016 年 3 月 2 日

李平沤（1924—2016）

卢梭是 18 世纪法国伟大的启蒙思想家，早年漂泊四方，晚年孤苦伶仃，却至死坚持自己的思想和原则。与卢梭"相处"久了，李平沤也带上了些与周围格格不入的较真儿劲头。做他的儿子和学生都很辛苦，儿子因为稿纸上没有留出足够的边距和行距，他就要求重抄："你这样明显是不想让我改嘛。"

李平沤
留在第 661 页的遗憾

大多数时候，李平沤只是隐藏在卢梭大名下面的一行小字，很难被人注意到。

他是目前国内翻译卢梭作品最多、最全的译者，最初的译作《爱弥儿》已经再版 30 次，发行 20 多万册。4 年前，9 大卷共 350 万字的《卢梭全集》出版，李平沤几乎凭一己之力，一字一句地译完了整套书。

就在最近一次住院前，他还准备翻译卢梭的《对话录》，把书签小心地夹在一本法文原版书的第 661 页。

那是《对话录》开始的第一页。但是 7 月 14 日，一切愿望都随着老人的生命一起终止了。

"在中国，恐怕极少有人比老先生更了解卢梭。"他的一位合作译者说，"也极少有他这样把毕生奉献给翻译事业，甘心坐冷板凳的人了。"

60 年前，刚从北京大学西语系毕业的李平沤第一次接触卢梭的作品，就一下子被迷住，此后一发不可收。作为 18 世纪法国伟大的启蒙思想家，卢梭早年漂泊四方，晚年孤苦伶仃，却至死坚持自己的思想和原则。与卢梭"相处"久了，李平沤也带上了些与周围格格不入的较真儿劲头。

"做他的儿子和学生，是件特别辛苦的事。"儿子李秀操笑了笑，眼里却含着泪。退休前，李平沤是对外经贸大学的法语教授。因为治学严厉，有学生到家里求教，通常是这样的情形：来时蹦蹦跳跳，走时抹着眼泪。为了培养儿子的写作习惯，李平沤会随便指着一件东西，让李秀操以此为题写篇文章。甚至会因为稿纸上没有留出足够的边距和行距，要求重抄。他说："你这样明显是不想让我改嘛。"

他对自己更苛刻，因为不会操作电脑，九卷本的《卢梭全集》译文是他一点点誊写在稿纸上的，字迹清楚工整。写错的地方用稿纸上剪下的空白字格盖住，重新写。每一页都标着页码，同一张纸上，"请将红笔字排成仿宋字体"的注解出现了两次。

在他之前，卢梭的《论人类不平等的起源和基础》译本已通行多年，编辑部建议他翻译时沿用这一书名，可他坚持要把书名改译为《论人与人之间不平等的起因和基础》，因为"'人类'和'人与人之间'有着非常大的区别"。

"他经常一个字、一句话都要琢磨上好几个小时。"一位合译者说。

生活中的李平沤也是个"老古板"。他不喜欢开玩笑，觉得"不严肃"，甚至要求家人也不开玩笑。有一次，儿子讲了一个笑话，老先生没忍住，"扑哧"一声笑了出来，结果自己觉得很不好意思，反而脸一板，指着门让儿子"出去"。他讨厌寒暄，认为闲聊家常是"浪费时间"。商务印书馆负责《卢梭全集》的编辑王曦与老人结识10 多年，很少听他谈及自己的私事，甚至很少有情绪起伏，"脸上的表情永远是平平淡淡的"。

一次，王曦在李平沤家谈完出版事宜后，和老先生一起到附近

的饭店吃饭。点完菜，老人轻轻地对熟识的女服务员说了一句："以前与我一起来的那个奶奶再也来不了了。"王曦这才知道，老先生的夫人刚刚去世。但他说完这句话后，依然神色平静，一如往常。

后来，王曦才从别人口中慢慢得知，李平沤早年曾赴印度参加抗日战争，战后考入北大学习法语，毕业分配至国务院对外文联担任口译。后因出身问题，被调至中科院力学所，后又到对外经济贸易大学任教直至退休。可以说是"职业生涯寂寂无闻，直到他遇见卢梭"。

李平沤常说卢梭是个"不幸的哲学家"。《爱弥儿》出版后，由于他的主张与时代相悖，已至暮年的卢梭被法国政府通缉。而伏尔泰、狄德罗、休谟等人也因观点分歧与他反目成仇，卢梭最终在穷困潦倒中孤独离世。

李平沤自己，也分享着卢梭的孤寂。老先生的大女儿陷入植物人状态已经11年，唯一的儿子远在美国。夫人去世后，只有一个保姆在家中照料他的起居。

"我不愿意看见日落天黑。"老先生不经意间说出了真心想法。

每当黑夜来临，他就开始发疯般地工作，把自己唯一能用的右眼使劲靠近书桌。邻居杨大爷偶尔半夜起床，总能看见斜对面的书房还闪着微弱的灯光。每天工作到凌晨两三点，已经成了李平沤几十年来的习惯。无数个漫漫长夜中，陪伴他的，只有那本已经被翻烂的英法词典和如同雪花一般散落在桌上的手稿。《卢梭全集》的全部手稿堆积起来，跟他差不多高。

除了刚出版的书，李平沤的书房里没有一样东西是新的。小小的书桌上的紫色格子桌布已经洗旧发黄，不到8平方米的房间里立了5个书柜，他自己的译著几乎就占了一个。老旧的柜门已经关不住了，就用一支笔别着。白天，阳光从南窗涌进来，直愣愣地照在布满灰尘的书堆上。

这几乎就是他全部的精神支柱。对于物质生活，李平沤从不在意。他崇尚卢梭"不穿细布衣服，不穿白色长袜，不戴金银饰品"的生活，更钦佩他对名利的漠视。卢梭的芭蕾舞剧《乡村巫师》在法国枫丹白露演出大获成功之后，国王想要赐他一份年金，却被卢梭拒绝，"领了年金，我就不敢说真话了。"

屋里马桶坐垫裂掉了一半，照用。破烂的台灯用了几十年，他拦着家人不让换。一盘菜能分成几顿吃，衬衣领子总是磨得毛毛糙糙。有一次，他竟然带着米汤印子站在了讲台上。"人家看的是我的思想，又不是外貌。"几年前，按照职称标准，对外经贸大学提出给他换一套大点的房子，老先生当即回绝，说自己"不需要"。

他苦着自己，却从不亏欠别人。有次，保姆说卖菜的多找给自己两毛钱，老人几天坐立难安，非让她把钱退回去。有一次，他坐公交还没来得及买票就被挤下了车，他举着钱追着公交车跑，边跑边喊："停一下！我还没买票！"售票员从车窗里探出头来，看怪物一样看着他："这老头，疯子！"

有时候，"疯子"是执着的代名词。目前，九卷本的《卢梭全集》已囊括卢梭大部分重要作品，但仍有遗漏。李平沤生前的愿望是将全集增补到12卷。"我希望再活5年，把《卢梭全集》翻译完，也算是我对这个国家作了一点小小的贡献了。"他在3年前说："每一个时代都有每一个时代的政论家，时代创造政论家，政论家也引导世界的潮流。希望这套书能对培养政论家起到作用，这是个远大的想法。"

几个月前，癌细胞已经扩散到了肺部，老先生瞪着眼睛躺在病床上，浑身插着管子。但是一听说出版社的编辑来了，他就要挣扎着坐起来。

"我还能有一两年的时间，《对话录》可以完成。"李平沤艰难地吐着字。

现在，他打算翻译的那本原版书依然躺在他的书桌上，但夹在第 661 页的书签再也不会移动了。

在书桌右侧的柜子里，《卢梭全集》静静地立着，如果摞起来，差不多有一个新生的婴儿那么高。

玄增星 / 文

2016 年 8 月 10 日

保育钧（1942—2016）

当年北大学生打出横幅"小平您好"的照片，就是他拍板决定刊发的。他跟同事玩儿扑克牌，被"捉猪"之后照样"钻桌子"。他"放炮"的时候，场合和身份从来都不是挡箭牌。某次会议上，某部委领导刚开口说话："我们一直都很支持民营企业。"保育钧接口就堵了回去："我最讨厌说假话空话。我们说点真话行不行？"

保育钧
"大炮"响了40年

保育钧早就到了应该颐养天年的岁数，可是在周围的人看来，他还是像一尊"大炮"，总是对看不惯的问题发火，从没在乎过"隔墙有耳"。

作为全国工商联的副主席，有时跟地方领导一起交流，碰到对方说出一些"外行"的话，保育钧会当面训斥他们"脑袋有问题"。博鳌亚洲论坛2016年年会上，他激烈地发问："这些年来我们什么时候让市场做过主？都是当官的做主，政府投资为主！"

只要是他关心的问题，他总会说出别人不敢说的话，并且从来不会小声。有时候"他会把桌子拍得咣咣响，甚至咬牙切齿"。

谁也没想到，在2016年5月的最后一天，这个"看不惯就会开火的大炮"突然冷却下来，然后就静静地熄灭了。从博鳌论坛回来后，保育钧的身体开始出现状况，5月8日被诊断出肺癌晚期，20

多天后便匆匆离世。

1967年进入《人民日报》社，1996年转入全国工商联，2016年去世。前30年，保育钧在《人民日报》社，遇上了新中国风云际会的激荡年代。后20年，他又在工商联赶上了中国经济的跨越转型。

"或许是历史的宿命，保老师刚好参与了我国改革进程中的两个重要方面，知识分子政策的重新表述和民营经济政策的演变。"保育钧的学生，人民网舆情监测室秘书长祝华新感叹，"他没有辜负历史提供给他的机会。"

1977年，第二场全国高校招生工作会议在北京召开。时任《人民日报》社科教部主任的保育钧安排参会的两位记者把当年"四人帮"如何炮制"两个估计"的过程写成内参。这"两个估计"把知识分子定性为"资产阶级知识分子"，是邓小平恢复高考的最大思想障碍。

1977年9月19日上午，邓小平手握这份内参对时任教育部领导说："赞成中央方针的，就干；不赞成的，就改行。"随后，1977年冬和1978年夏，全国共有1160万人报名参加高考，规模空前，世界闻名。

高考恢复后，中央马上又开始着手落实知识分子政策。保育钧参加了中组部的会议后，便以胡耀邦讲话为蓝本，写出7000多字的文章《完整地准确地理解党的知识分子政策》，文章认定知识分子是工人阶级的一部分，不再是资产阶级或小资产阶级的知识分子。以这篇文章为拐点，大批知识分子摘掉"臭老九"的帽子，再次被重用，不少人的命运得以改变。

到"工商联"以后，他又在1998年和2002年两次以全国工商联的名义向全国政协提交提案，提出公有财产和私有财产要一起保护。最终促使全国人大在2004年通过宪法修正案，保护合法私有财产。

"中国百年的灾难，束缚了两个最有创造力的阶层，知识分子和民营企业家。"祝华新感叹，"保老师一生都在努力推动这两个阶层的解放。"

保育钧的追悼会，定在 6 月一个周末的上午。四五百人顶着太阳暴晒，排起长队等待吊唁。人群里有保育钧在《人民日报》社和全国工商联时的同事，也有不少提着公文包，皮肤白皙或者黝黑的商人。一些企业家只是在某次会议上听过保育钧的发言，就从全国各地慕名赶来，"为保主席送行"。

"真话实话无私无畏，忧国忧民尽力尽忠。"追悼会现场，河北农民企业家孙大午送上了这样的挽联。

孙大午曾是个有亿万家产的"养鸡状元"，2003 年被判"非法吸收公众存款"罪。从看守所出来后的第二天，跟他毫无交集，当时已是副部级领导的保育钧到他家中看望，鼓励他"你没有错，要继续做下去"。

孙大午事后回忆，自己落难时，原本围在自己身边的官员或落井下石，或避而远之，保育钧的到来和安慰让他感动得哭到"说不出话"。

"民营企业'原罪'应该是'原功'，最初民营企业被剥夺了自由，那时候他们勇敢突破规章搞创业，这是功劳，不是罪过。"一有机会，保育钧就在不同场合为民营企业正名。他的助手朱娜说，不管在任何场合，只要有关民营企业的话题，这个 70 多岁的老人总是忍不住要发表意见，看到与改革唱反调的论调，他脾气就会变大。

国家承认民营企业是"重要的经济支柱"，从党的"十六大"上第一次出现 6 位民营企业家代表，到"十八大"上的 34 位，其中的变化让保育钧感到兴奋。但他还是担心"国家态度很好，但各级政府落实得还是不行"。"过去靠政策，现在要靠制度，靠法治。"

"我和一些官员接触，和他们谈民营经济，他们就是不说话或者说一些面上的话。"每到这个时候，保育钧又会"放炮"。

保育钧"放炮"的时候，场合和身份从来都不是挡箭牌。两年前的一次会议上，国家某部委领导刚开口说话："我们一直都很支持民营企业。"坐在对面的保育钧立即把话堵了回去："我最讨厌说假话空话。我们说点真话行不行？"

事实上，"平等"是保育钧一生都在追求的理想状态之一。1984

年，35周年国庆时，天安门广场上举行了阅兵和群众集会。在游行队伍经过观礼台时，北京大学的几个本科生忽然举起一个用床单制成的简易条幅，上面写着"小平您好"4个大字，这

1982年10月，胡乔木考察《人民日报》社，与编委会领导座谈，编委保育钧出席

个画面被在场的记者捕捉下来。

这个标语没有注明邓小平的职务，也没有惯常赞颂领袖的"万岁"。在当时，刊发这张照片属于报社的"自选动作"，需要承担很大的政治风险。

靠保育钧拍板，照片得以刊登在10月2日《人民日报》的第二版。"它道出了人民与领袖的平等关系，同时反映了人民对领袖的感情。"在一次采访中，保育钧回忆。

"出现一个保育钧固然是个人的努力，但相当程度上也与当时的大环境有关。"祝华新说，"80年代发生的很多事情在现在看来都是不可思议的，但那就是80年代。我们党大彻大悟，充满理想主义情怀的年代。"

祝华新在一篇回忆文章中写道，那个年代，人们见惯了平等坦诚的风气。因为身材魁梧，又是个大嗓门，即便已经做到报社副总编辑，记者、司机、印刷厂工人依旧习惯称保育钧为"大保"。

《人民日报》社的老记者吴长生还记得，上世纪90年代初，保育钧前往上海筹创《人民日报·华东新闻》。晚饭后大家一起打扑克牌，被"捉猪"的他，照样接受"钻桌子"的惩罚。"生活中与大家打成一片的'大保'，没有一点儿官架子，就是一个嘻嘻哈哈的大朋友。"

外号"大炮"的保育钧有时也会发一些"无名火"。《人民日报》社资深记者孟晓云回忆，有次去保育钧的办公室，刚好碰到他正在

发火，看到有人进来，保育钧不分青红皂白就把火气撒到了孟晓云头上。孟晓云感到委屈又生气，也摔门而去。过了一两天，本以为事情都已经过去的孟晓云发现，自己的办公桌上多了一张字条，打开竟然是保育钧写的道歉信。

人们似乎很难想象这尊态度强硬的"大炮"也有柔软的一面。在一次拜访中，孙大午看到保育钧正摆着双臂，一步一停地带着孙子学走路。孙子摔倒后，保育钧依旧站在原地，告诉孙子"跌倒了要自己爬起来，重新再来"。

保育钧曾在《我这四十年》一文中写道："风口浪尖上，树欲静而风不止，多次被卷入政治斗争的漩涡，喝了几口水，没淹死，没趴下，踉踉跄跄，过了一关又一关，总算站住了。"

1977年，刚刚35岁的保育钧被提拔为《人民日报》社科教部主任，原主任主动让贤，退到副主任位置。可每次碰到重大选题，保育钧就会把几位年长的记者、编辑请到桌子旁，告诉他们自己是晚辈，选题如何报道由几位老人决定，自己只负责执行。

"保育钧一直为改革开放呐喊，同时把积极和稳妥把握得很好。"祝华新说。

20世纪80年代中期，《人民日报》一篇讨论农业思想现代化的文章惹怒了一位老领导，保育钧被要求去向这位老领导"报告问题"。到了现场，除了这位老领导，还有中宣部、农业部两位部长。保育钧侧身坐在老领导旁边，挽着他的胳膊笑着说，"我就是来听您意见的"，然后细声细语地解释报道的来龙去脉。

最后，这位老领导理解了保育钧的解释，全然没有了开始时生气的样子。

在朋友的印象里，体格健壮，性格爽朗的保育钧就像一个"铁人"，很少看到他倒下的时候。可2015年11月，他的老伴儿张映霞去世后，这个铁骨汉子突然像变了个人。

老伴儿去世后，《人民日报》社的老同事张宝林打电话慰问，保育钧声音呜咽颤抖，几乎不能自持。挂掉电话后，保育钧又主动打了过来，他忘了刚通过电话，又把刚刚结束的通话讲了一遍。

在他夫人的追悼会上，保育钧本该在家属区站立，接待吊唁的人。可他突然走到老伴儿遗体旁边，自言自语："你看她像睡着了一样，像睡着了一样。"

他经常向同事倾诉，老伴儿去世后，晚上睡觉时手习惯地往身旁一搭，发现是空的，"我的心也跟着空了"。

老伴儿去世半年后，这台"大炮"就像用光了炮弹，倒掉了支撑，也静静地熄灭了。

杨海 / 文

2016 年 6 月 8 日

叶嘉莹（1924—）

加拿大的实业家蔡章阁，只听过她一次讲演，就愿意出资为她建设研究所大楼。南开大学为她兴建迦陵学舍，又有很多人慷慨解囊。澳门的实业家沈秉和决定做"略带诗意"的资本家，将自己比作她的"小小书童"。

叶嘉莹
一生都与诗词"恋爱"的美丽女人

2014年5月10日，诗人席慕蓉和作家白先勇像两个"追星族"，出现在南开大学校园里。他们频频向一位教授鞠躬，庆祝她的九十大寿。席慕蓉说，羡慕南开的同学，可以"理直气壮、正大光明"地，做叶嘉莹老师的学生。白先勇表示，叶先生是国学大师里讲诗词的"一把手"，叶先生的教诲影响了自己的一生。

"叶先生站在那里，就是一首诗。"无从考证谁发明了这句评语。多年以来，它在南开的学生中流传。

南开大学中文系1979级学生单正平现在是一位大学教授，他入学那年，叶嘉莹在南开开课，当时1976年的唐山大地震对南开校园造成的破坏仍在，而叶先生走在路上，是"地震后惨败的校园里最美的风景"。那时，她已55岁。

虽然叶嘉莹表示对外在的东西并不注重，但她流露出的风度和气质，深刻地影响了很多学生的审美。"见了叶先生之后，才知道什么叫风度，什么叫气质，什么叫优雅。很多人说见了叶先生，我们心中那些美的东西才被唤醒。"南开中文系1979级学生傅秋爽说。

晚年的叶嘉莹，保持着多年未改的标志性的发型。据她的秘书、南开中文系副教授张静介绍，叶先生总是自己理发，因为她觉得自己剪得更好。

能让一代代学生心折的，当然并非她的美貌。台湾"中央研究院"研究员林玫仪说，本来说不出美在哪里的诗句，经叶老师一讲，马上就能进入"诗境"。

由于太受欢迎，叶老师在台湾大学教书时，连中午都排了课，很多人上午最后一节下课后，饿着肚子跑到早已人声鼎沸的教室旁听。很多人到隔壁教室抬桌椅，有人只好挤在窗台上。

后来，叶嘉莹在南开开课也造成了这种局面，不得不发放听课证以维持秩序。

当年的天津师范大学学生徐晓莉将旁听叶嘉莹的课比作"偷吃仙丹"。她和几位同学一直旁听叶先生的课，至今已有35年，尽管她们后来从事了不同的职业。有人说："我们送走了叶先生一拨又一拨学生。我们是一直'留级'的学生。"

很多人慕名旁听，有的还带着孩子。

叶先生并没有大学者高高在上的架子。席慕蓉形容说："在讲诗词的时候，叶老师跟我们完全没有距离。但是刚见叶老师时，有点不敢靠近，那个美让你敬畏。"

席慕蓉觉得，叶嘉莹就是诗词里那位"湘水上的女神，要眇宜修"，"我们面对的是世间难得一遇的才情和生命"。

很多人当面问叶先生，"您为什么不老？"她答，读诗读词使人不老。

她的学生、台湾大学教授齐益寿认为，叶先生的诗词研究，尤其注重"兴发感动"的力量。她至今没有老太太的垂暮之感，是因为她吸收了历代诗词的精华，融入生命，跟她的生命一起生生不息。

这些学生都是多年以后才知道，叶嘉莹并非养尊处优，相反，命运多舛。但她以前极少谈起，晚年即便谈及，也听不出任何愤懑仇怨。

叶嘉莹在北京的一个四合院里长大，上小学之前，几乎不出大门。她生活在战乱年代，经历丧母之痛，父亲又在乱世多年失去联络。她承认自己一生都没有恋爱过，虽然自己选择了丈夫，但拥有过的是"不如意""好心办错事"的婚姻。

她24岁那年出嫁后随夫南下，辗转到了台湾。在台湾"白色恐怖"的政治环境下，她和丈夫都有过牢狱之灾。后来她终于在加拿大取得终身教职，全家人的生活安定下来。但大女儿与女婿又因车祸遇难。

在台湾时，她曾借住在亲戚家的走廊里。等别人都睡了，再铺一个毯子打地铺。

她的外甥、台湾长庚大学校长包家驹，第一次知道舅妈是位教授，竟然是在她任教的加拿大英属哥伦比亚大学的办公室里。在他的印象中，舅妈只是一个在家里洗衣擦地、架着竹笼为女儿烘烤尿片、在厨房里洗菜的妇人。他筹建长庚医学院时，聘来的国文老师中就有人听过叶先生的课，他才意识到，原来舅妈有这么高的成就。

长庚医学院前院长吴德朗对包家驹说过，这辈子有两件事最重要，一个是选择了心脏内科，另一个是听了叶先生的课。

在女儿眼中，唐诗宋词是叶嘉莹的最爱，她一生都在"与诗词恋爱"，恋爱中的女人总是年轻的。

叶嘉莹说，诗歌是支持她"走过忧患的一种力量"。画家范曾认为，叶嘉莹的表现，正是"以逆境为园林，以群魔为法侣"。

她提出的词学"弱德之美"学说，在如今的众多研究者看来，用来描述她本人十分恰当。这种观点认为，凡被词评家们所称述为"低徊要眇""沉郁顿挫""幽约怨悱"的好词，其美感之品质都是属于一种"弱德之美"。这种美感，是"在强大的外势压力下所表现的不得不采取约束和收敛的一种属于隐曲之姿态的美"。其为形虽"弱"，却蕴有"德"之操守。

林玫仪问过叶先生，在她仰慕的诗人中，如果有机会，谁可以与之交往和生活。叶嘉莹觉得，杜甫"古板"，李商隐"忧郁"，辛弃疾是个理想人选。她写过极为轰动的研究辛弃疾的文章，有人称她是"辛弃疾的异代知音"。

她已90多岁了，仍有一种时不我待的紧迫感。她说，自己要做的，是打开一扇门，"把不懂诗的人接引到里面来"。否则，上对不起古人，下对不起后人。

多年在海外任教，用英语讲授中国的古典诗词，她"总不免会有一种失根的感觉"。"文革"过后，她有一次回国探亲，在火车上看见一位年轻人拿着本《唐诗三百首》，高兴得不得了。在长城参观，她买到了《天安门诗抄》。这使她感慨，"中国真是一个诗歌的民族，尽管经历了那么多的劫难，还是用诗歌来表达自己"。

现在，诗词遇到了新的挑战。北京大学教授葛晓音说，很多学生问研究古代文学到底"有什么用"，她为此感到沮丧。她认为，"叶先生以她毕生的实践回答了这个问题"。

叶嘉莹说，我们国家是富裕了，经济上也改善了很多，"一般的人心反而变得不是像原先那么单纯了"。

她虽然年事已高，仍"尽量在讲课"，甚至给幼儿讲课。她说，自己体会到里面高洁的世界，就有责任尽个人讲诗词的力量，让年轻人认识到人生、感情、心念之间有这么美好的东西。

白先勇说，叶先生用过"救赎"两个字，"她认为古诗词是我们救赎的力量"。

有些事情，叶嘉莹感慨，事过以后，无人以继，"一切努力归于徒劳"。另一方面她觉得欣慰的是，总有一些人，听了自己的课，受到了感动。

加拿大的实业家蔡章阁，只听过她一次讲演，就愿意出资为她建设研究所大楼。南开大学如今为她兴建迦陵学舍，又有很多人慷慨解囊。澳门的实业家沈秉和决定做"略带诗意"的资本家，将自己比作叶先生的"小小书童"。第一次听叶嘉莹讲课时，他对南开学生说，这可是"梅兰芳的戏"。

晚年，她改变了在温哥华终老的计划，决定回国定居。她表示

一生都与诗词"恋爱"

自己是一个"不大计算未来"的人，只是依照本性而生活。

她的位于北京察院胡同的旧宅，那充满诗意的四合院，在十多年前没有躲过拆迁。她曾有意把它改造成一座书院，终于没有成功。如今，南开大学为她兴建的"迦陵学舍"，是她新的书院所在。

她多年来习惯站着讲课。她说，如果有一天自己无法站立，至少仍能指导学生，整理以前讲课的2000多个小时的录音。

她用诗人杜甫的诗句，提醒自己要努力做到"盖棺事则已"那一刻。她用对自己影响最大的老师顾随的话自勉："一个人要以无生之觉悟为有生之事业，以悲观之心情过乐观之生活。"

在辅仁大学读书时，叶嘉莹尽得顾随真传。她觉得顾先生说到了诗词精微的境界，是"飞在天上去说的"。她先后记了8大本听课笔记。那些年她四海飘零，白色恐怖时被人搜家，在乱世中丢过许多物事，这些笔记奇迹般地保存下来。经过"文革"，顾随终生没有留下任何论著，她的笔记后来成了《顾随文集》的基础，成就了"师父因弟子而显于世"的人间佳话。1948年她南下结婚，以为很快就会回到北京，只带了随身衣物和这些笔记，多年里她一直随身携带，从不托运，她说，"这是宇宙之间唯一的"。

席慕蓉陪着叶嘉莹去东北寻找过叶赫那拉部族的源头。那是一片高地，历史上的城池已经消失，上面种着大片的玉米。时年 78 岁的叶嘉莹坚持上去，独自对着玉米地，默然伫立很久。她突然回过头，对席慕蓉说——这不就是那首诗吗？《诗经》里的《黍离》啊！

在席慕蓉眼里，那一刻，站在那里，美得像一首诗的叶嘉莹，和三千年前的一首诗相遇了。

张国 / 文

2014 年 5 月 14 日

来新夏（1923—2014）

在历史学、方志学、图书文献学等多个学科都做出开创性贡献的来新夏，素以"纵横三学，自成一家"闻名。但他自谦只是"一个读书人"。南开大学为他庆祝九十大寿，他自称"90后"，当众表示：行百里者半九十，九十岁是新的开始，请朋友们监督，"有生之年，誓不挂笔"。他真的做到了。

来新夏
91岁始挂笔

在告别人世之前，91岁的历史学家来新夏对护士提了一个请求：把我的眼镜拿来，我要看东西；把我的假牙拿来，我要说话。

这也许是来新夏陷入昏迷前为人所知的最终遗言。他因肺部感染入院，直至一个月后心脏功能衰竭。上呼吸机前，他还给护士们"上课"，还想读书。

2014年3月31日15时10分，春天还没走完，来新夏走了。此前一天，还有学生撰文回忆，南开大学新年晚会有则灯谜，谜面是"落花流水春去也"，谜底就是大名鼎鼎的来新夏教授。

在历史学、方志学、图书文献学等多个学科都做出开创性贡献的来新夏，素以"纵横三学，自成一家"闻名。但他自谦只是"一个读书人"。

他如约完成了读书人的誓言——两年前，南开大学为他庆祝九十大寿，他自称"90后"，当众表示：行百里者半九十，九十岁是新的开始，请朋友们监督，"有生之年，誓不挂笔"。

去世前几日，来新夏主编的新书《目录学读本》付梓，他没能看到。近千万字的《来新夏文集》再过几天就要交到出版社，他还没校完。他新近在一家广播电台开设的文化讲座也还没制作完成。

一切都已来不及了。

妻子焦静宜凑在耳边，试图将他3月23日发表的最后一篇随笔念给他听。文中，来新夏形容自己"一直停不下来"。他总结，最后三年左右写了三十来篇文章，还做过多次讲演，感到"心无愧作"。

文章题为《难得人生老更忙》。这是他在辅仁大学的师友启功的赠言。来新夏八十大寿时，年过九旬的启功已不能写毛笔字，就以硬笔写来祝寿诗。

他多年的助手和朋友、南开大学图书馆原副馆长李广生说，来先生何止"著作等身"，他个人撰写的著作摞在一起，高过了天花板。

为来新夏整理文集的南开教授徐建华指出，来先生的许多成果都具开拓意义，多部专著是本领域或新中国成立后本学科第一部作品。

来新夏的第一部学术著作是1957年的《北京军阀史略》，这是新中国第一部系统论述北洋军阀兴亡史的专著，"文革"中成为他的麻烦之一。有人批评他"研究坏人的历史"，"阴暗心理作怪"。

焦静宜说，来先生曾经属于"内控"人员，没被定性为右派，但也排除在"群众队伍"之外，限制外出，不许上课。这客观上催生了一位目录学家——后来他开设目录学课程获得允许，因为这门学科"离政治远"。

有人形容，来新夏属于"百科全书"式人物，且口才极好，讲课"记下来就是一篇完整文章"。

晚年的来新夏不再开启新的课题，而是把旧稿补充完整。他的代表作《近三百年人物年谱知见录》，是用毛笔写成初稿12册，但经过"文革"，仅余两册。另一书稿《书目答问汇补》也被没收，多年后被学生从废纸堆中发现。

到学生家中做客聊天

与很多同代知识分子一样，来新夏的学问经过了被焚烧、然后凭借脑力重新恢复的过程。

焦静宜说，来先生极少谈起"文革"，也不写回忆录。他觉得，自己所经历的，并非个人独有的遭遇。

学生们公认，来新夏后来经历了"衰年变法"式的转型：这位历史学家以高龄成为出版近 20 种随笔集的高产作家。

南开大学中文系教授宁宗一形容这位挚友，"在史学与文学两条路并行的轨迹上"，进行了"从容的对接"。

而他自比"瘦骆驼的水囊"，只是让人干渴时"姑且喝上一口"。

他身上亦有瘦骆驼的毅力。在来新夏 80 岁之前，李广生未见他"打过一个哈欠"。他每次拜访，往往见到满头白发的来先生坐在电脑前。

来新夏 74 岁那年开始学习电脑，起因是他预料到，上了年纪用笔写字手会发抖，键盘则不会。

在"环顾左右，平生知己半为鬼"的年纪，来新夏身边不乏忘年交。李广生说，来先生善于交友，有人素不相识，只是慕名而来。只要门铃一响，开门的往往是来先生。不少地方请他为方志写序，他甚至为 5 个拆迁的村庄题写过《迁坟记》碑文，不过在此之前，他亲自考察新墓园"均能符合民意"后才答应。

在焦静宜看来，与青年人的交往，是来新夏保持活力的原因。"他把跟这些年轻人的交往看作跟社会联系的渠道"。

浙江省绍兴县集贤镇群贤村的农民孙伟良，以换煤气罐为生，虽只有初中学历，但研究地方志颇有成就。十多年前，他写信请教来新夏，二人自此建立了长期的读书人的联系。2007 年，这位农民在村里建起一座"来新夏民众读书室"。

那个村庄来新夏去过三次。他寄去的包裹，孙伟良连原包装都不舍得丢掉。

孙伟良曾向来先生提出，希望在南开读个函授文凭。来新夏告诉他，如今教授多如牛毛，拥有文凭未必就算博学多才。绍兴的文史富矿足够挖掘，只要用心研究，比拥有文凭强得多。

跟来新夏的弟子们一样，孙伟良称他为"来先生"。

来新夏喜欢"先生"这个称呼。他近年发现，"先生"似已成"古董"，研究生称老师为"BOSS（老板）"，师生关系变成雇佣的金钱关系。他"宁背守旧落后的恶名"，也拒绝"BOSS"之称。

他还忌讳被人尊称"大师"。在遗嘱中，他要求后事从简，不举办任何告别仪式。

很多人没有来得及与来先生道别。这个读书人的名为"邃谷"的书房设为了灵堂，没有哀伤的乐曲，只有书的山谷。

亲友们原本期待为他庆祝百岁寿辰，来新夏也很有信心会活到那一天。他今年出版的最后一本随笔集《旅津八十年》，附有他密密麻麻、令不少晚辈汗颜的工作日程。

今年春节，来新夏整理旧物，发现尚有一笔"欠债"。2005年，美国国会图书馆亚洲部学术研究主任居蜜委托他整理些鸦片战争史料《溃痈流毒》，他因事务繁忙遗忘。他自觉愧对旧友，决定"尽生前二三年之力"完成。

这笔债永远还不上了。

张国 / 文
2014 年 4 月 9 日

杨敬年（1908—2016）

　　他的人生从 70 岁开始。他 86 岁告别大学讲台，93 岁翻译《国富论》成了畅销书，100 岁还在电话里给学生讲哲学课。他 70 岁之后撰写的论著超过 150 万字。这位生于 1908 年的"00 后"经济学家还喜欢看偶像剧，跟"80 后"年轻人结成忘年交。有人称，他的灵魂"没有皱纹"。

杨敬年
百岁"00 后"

　　经济学家杨敬年精确地规划着时间。每天凌晨 3 点开始工作，工作时间是 8 个小时。虽然走路迟缓，但他身上像揣着一只发条紧绷的钟表。

　　他在慈禧太后和光绪皇帝驾崩那年出生。眉毛全白了。2012 年，他已经 104 周岁了。说起正在修订的一部著作，他能随口讲出需要新添的篇章，这使他显得不像实际那样年长。

　　他至今仍过着年轻人的生活。他抢着接听家里的电话，能迅速报出几个熟人的手机号码。如果电灯没有关上，他宁可自己动手也不会指挥晚辈。令很多访客惊奇的是，多数时候为他们打开家门的是他本人。

　　他还自己洗澡，生活"完全自理"。

　　谈话时，他思维敏捷，语速飞快，以至于他会提醒需要记录的晚辈：你应该用一个小录音机。

他谢绝欣赏老年报章和《夕阳红》等电视栏目。"我觉得同我没有关系"，他说。

杨敬年是在中国的大学里第一个开出"发展经济学"课程的老师。然而，即使在他任职64年的南开大学，知道这个名字的学生也并不多。

他已极少露面，除了每个月去一次理发店。

他在86岁那年正式告别讲台。不过直到过了百岁高龄才算真正结束授课。结束的这门课程很别致，一个经济学研究生，每周在固定的时间打来越洋电话，听他讲一个钟头冯友兰的哲学。

百岁之年，杨敬年出版了27万字的自传。学生们送他一块匾额："生命从百岁开始。"

他晚年的得意之作不止于此。93岁时，他翻译的亚当·斯密《国富论》出版。十多年间，这个译本重印了十几次，发行逾10万册，成为罕见的畅销书。

当初，出版社约他译《国富论》时，他认为此书对于传播经济学知识意义重大，亚当·斯密是个"高耸入云的人物"，又自认"余勇可贾"，就答应下来。

而了解他的学生们简直不敢相信。更让他们吃惊的是，他每天工作8小时，用11个月就完成了74万字的书稿，此后又陆续补充了6万字的索引，字字句句都是手书。

杨敬年这样争分夺秒，是要把失去的时间抢回来。1957年他被错划为"右派分子"，等到1979年获得平反，他已71岁。二十多年，原本是他大展拳脚的时候。

他是中国经济学的一部"活历史"，在他考入南开经济研究所时，国内只有这一所大学招收经济学研究生。但幸运的是，民国四大经济学家有两位是他的老师。1949年，他又从英国牛津大学获得博士学位，回到南开创办财政系。

他很快遇上了"暴风骤雨式的政治运动"，牛津博士学位一钱不值，坐了经济系资料室的冷板凳。在同一个校园，与他同病相怜的

2007 年 11 月 16 日，南开师生为杨敬年庆贺百岁生日

包括诗人穆旦。

当时觉得是"晴天霹雳"。可后来，他用毛泽东的话平衡心态。毛泽东说"让体内慢慢生长抵抗力和它做斗争，直至最后战而胜之，这是我对待慢性病的方法"，杨敬年借此安慰自己"就当是害了一场大慢性病"，甚至自认为算是幸运者，留在资料室仍能做一些学术工作。

做不了教师，他成了翻译家，译了多部国外经济学著作和 200多万字的联合国文件。作品大都以集体的名义面世，或者使用笔名。第一本译著《英国议会》用的是笔名"蓬勃"，直至最后一本《银行家》，落款才是"杨敬年"。

但杨敬年不在乎。"只要能够工作，"他说。

1976 年的唐山大地震波及天津。杨敬年在地震棚里翻译《垄断资本》，晚上搬到外面，借星月之辉照明。有朋友不能理解："你的命还不知道在哪里，你还在搞翻译？"

在百岁自传里，杨敬年以平缓的口吻叙述政治运动中的遭遇，但"找不到表达怨恨愤懑的只言片语"。

"文化大革命"中，杨敬年的朋友"十个有九个"揭发过他，所谓问题都是编造的。而他从未捏造事实陷害别人。后来得知曾揭露过自己的人是谁，他也不生气，只是感慨"人性里有劣根的东西"。

总有学生为他鸣不平，认为他牛津毕业后，要是按照预定计划去美国，人生不至于被耽误。他那些离开大陆的同学后来成了"副主席""立委""部长"或"大使"。

而这位在牛津研究政治学、历经改朝换代和两次世界大战的"矜持的绅士"说，个人的浮沉荣辱，实在是一件微不足道的事情。何况，运动是不能持久的。

在南开大学右派改正后的座谈会上，他发言指出，这场运动中，国家的损失比个人的损失大，无形的损失比有形的损失大，长远的损失比暂时的损失大。

在此期间，他受到的打击还有很多：从 1974 年开始，妻子突发脑溢血，瘫痪在床 24 年。他们的儿子在 1976 年因病去世。

"这些东西就是所谓命，不是宿命论的命，是无可奈何的事情。"杨敬年说，"我的办法就是'以义制命'，能做什么，就做点什么。"

平反之后，杨敬年 80 岁退休，后又接受校方返聘，工作至 86 岁。由于超龄，他没能被聘为博士生导师。晚辈至今叹息，在博导如过江之鲫的时代，杨敬年居然连博导都不是，按照世俗的标准，他"混得真是不济"。

而他人生新的一页才刚刚翻开。2007 年之前，他长期住在南开大学北村一处十几平方米的斗室里。室内电脑、电视、电话各一台，一床两桌，几把椅子。书多得侵占了阳台。

90 岁时，他出版了哲学著作《人性谈》。他对此感到满意，认为到了这个年纪才把自己要说的话出版。他还说，按照 60 岁退休，自己"多工作了三十年"。

毕业于南开大学的天津市政协原副秘书长卢鹤文退休后有一次参加校友活动，杨先生问他退休后都干了什么，卢鹤文不假思索地说"没干什么"。而杨敬年立即关切地劝他"要老有所为"。

当时，卢鹤文感觉后背和面部发烧了。"一个 90 多岁的老人教导一个 70 多岁的晚辈要老有所为,怎不叫人汗颜?"

卢鹤文后来打听到更多的消息:杨先生进入古稀之年后,至少发表了十项重要科研成果。除去译作,70 岁后撰写的论著超过 150 万字。

因为感觉专业英语如听天书,杨敬年指导的研究生邹玲曾到杨家诉苦。她惭愧地发现,70 多岁的杨先生正在学法语,每周两次课,每天背单词。

1999 年的一天,91 岁的杨敬年在电话里告诉邹玲,自己刚买了电脑,很快就能给她发电子邮件了。她惊讶得拿着话筒半天说不出话来。此后,她每周一早晨 8 点会准时收到导师的邮件,从不间断。

杨敬年的计算机老师是那些年轻的学生。他喜欢与年轻人交朋友,从他们那里"知道一点"新近的风气。有的学生遇上事业瓶颈,找他解惑。甚至恋爱中的女生也带男友请他把关,男方非常紧

杨敬年在南开大学校内留影

张——要是杨先生不同意呢？

2001 年入学的姚炜因帮杨敬年制作光碟而结下友谊。有一年元旦，在新疆支教的姚炜，接到了新年的第一个问候电话。他不能相信，听筒里传来杨先生的声音："小姚，最近还在读什么书？"

老人连搬家的事情都告诉姚炜。他自称新房有好多书柜，自己的书都能放下了。不久又批评新居为"高干病房"——"很不习惯，设施比较新，用这个那个东西，我都得重新学。"

杨敬年觉得，自己与晚辈之间不存在代沟。他解释说，我的日历年龄是百岁，人家看我的生理年龄是 70 岁，我看我的精神年龄也就 30 岁吧。

在姚炜看来，杨先生的灵魂一定"没有皱纹"。

就像年轻人那样，他会迷上一部青春剧，匆匆忙忙扒几口饭，守在电视机前。"我现在还能上瘾，所以我说我还年轻。"

眼疾被杨敬年视为"最后的考验"。几年前，眼睛患上黄斑性病变，他基本停止了写作，阅读也大为减少。白天他听音乐，看电视剧。影像看不清，就听情节。

他打算修订《人性谈》，但已无法独立写作。不过他不担心。他指着腹部说，稿子都在里面，可以口述。

"过去没时间，现在有时间了。"他有很多人生计划还在前面。假如眼睛允许，他打算翻译几部政治学著作，包括亚里士多德的《政治学》以及现代民主政治方面的作品，因为觉得"对于我们中国今后的政治可以起一些作用"。

"你得先读读书，有了思想，然后政治的改革才能推进。"他说。

改革开放初期，他接待从台湾回来探望的老同学张源，对方感慨大陆跟台湾相比是"天上地下"，他回答："我们正在把地下变成天上。"

90 多岁的时候，杨敬年曾按照陈立夫《我怎么会活到一百岁》一书养生，打算活到百岁，并对学生说，"行百里者半九十"，自己才走了一半的路。

而在百岁生日那天，他对师生宣布："我还要再活二十年吧！"

他谦逊地说，自己要"跟在大家的后面"，不断学习，"争取看到祖国更加美好的明天"。

他也设想过，假如有一天死亡来临，"我觉得我随时可以高高兴兴地走！"

学生孟宪刚写了本解读他的书，赞他为"天地智者"。他嘱咐孟宪刚，我有个"自画像"，你不要把我写得太好。这个自画像就是"地地道道的中国人"。

"我觉得我这一生没什么大的成就。不过我尽了力，尽了心。我要做的事、想做的事、能做的事我都做了，所以我就死而无憾了。"他总结说。

除了减少了公开露面的次数，在人生的下半场，杨敬年仍是凌晨 3 点起床，读书到 5 点，然后花 40 分钟做一种体操，每个早晨最少要做 10 次下蹲。读书时先放大复印，再用放大镜。

他对校园里的八卦有所耳闻，得知任何重大新闻的速度都不比别人慢。他表示自己应该"紧跟形势"，了解这个世界发生的事情。虽然已经几乎不出门，他每天坚持听完《新闻联播》和天气预报再入睡。

"我要知道第二天的天气。"他认真地说。

张国 / 文

2012 年 2 月 1 日

李小文（1947—2015）

有人说他像武侠小说里的扫地僧，"低调、沉默却有着惊人天分和盖世神功"；也有人将他与陶渊明等魏晋名士相提并论，"外表不羁但是有着仙风道骨"；记者感叹他是"最谦虚"的科学家。他堪称我国遥感领域的"泰斗级"人物，创建了"李小文 –Strahler"几何光学学派，他和科研团队的研究成果推动了定量遥感研究的发展，让我国在多角度遥感领域保持着国际领先地位。

李小文
踢开学术浮华的"布鞋院士"

对于院士李小文来说，无论是生活还是科研，都应该坚持简单化原则，拿着奥卡姆剃刀，"刮，刮，刮"。

他最希望刮掉的是人们对他那双布鞋的惦念，舆论对他的炙烤，以及附着在他身上的各种标签。

用他的话说，"布鞋失火了"。那不过是双极其普通的布鞋，黑面白底，而且款式老旧，是他在成都出差时买的打折货，"80 块钱一双，一下子买了 3 双"。当他踩着这双布鞋，搭配裤脚卷起的裤子和一件黑突突的夹克衫，出现在中国科学院大学的讲堂上时，意外地火了。

布鞋"失火"之后，殃及的是他原本清静的生活。一时间，"布鞋院士"的字眼闪烁在电脑屏幕上，迅速地爬升到搜索引擎的第一位。聚光灯也在寻找着他，家里的电话铃声频繁地响起来，电子邮箱里的陌生人邮件也在增多,不少记者甚至去他所在的北京师范大学地理遥感所"围堵"他。

"太热了,再冷一冷。"前一阵子,他会用此番说辞来婉拒各路媒体的采访。当舆论对他的烘焙跳到一个温热的档位时,他才愿意接受记者的采访,"跟年轻人交流一下"。

此前,有人说他像武侠小说里的扫地僧,"低调、沉默却有着惊人天分和盖世神功";也有人将他与陶渊明等魏晋名士相提并论,"外表不羁但是有着仙风道骨";一位大学同学盛赞他,"维护了传统知识分子的风骨、本色、随性"。

然而,对于初次见到李小文的人来说,"狂狷不羁"恐怕难以和眼前这位身形瘦小的科学家产生关联。年过六旬的李小文佝着背,蹲在茶几边上的一角,为客人沏着茶。他还特意询问:"介意用手抓(茶叶)吗?"他拎开水瓶的手微微有些颤抖,但水还是恰如其分地倒在杯子的七分处。

一位采访过他的记者回忆说,我端坐在真皮沙发上,而他却矮矮地坐在学生送他的小竹椅上。他侧着身子,仰面望向我,还不停地给我递烟、点火。

这位记者不得不感叹:"这可能是世界上最谦虚的科学家了。"

正是这位"最谦虚"的科学家,堪称我国遥感领域的"泰斗级"人物,而且在国际上享有盛名。他创建了"李小文 –Strahler"几何光学学派,硕士论文被列入国际光学工程协会"里程碑系列"。他和他的科研团队的研究成果推动了定量遥感研究的发展,让我国在多角度遥感领域保持着国际领先地位。

不过,这些荣耀,不会被李小文提及。他不擅长侃侃而谈。相反,他在谈话间显得有些局促,抱着左胳膊弯儿的右手,不自觉地上下摩挲着。由于牙齿拔光了,他讲起四川普通话来口齿略有些含混。

只有在聊到他熟悉的专业话题时,他才表现得自在和轻松。说到兴起时,他的眼睛眯成一条细缝,脸颊上的皱纹就像一把折扇,层层叠叠地收拢起来。嘴唇上黑密的胡须,随着他脸部肌肉的松紧轻微地跃动着。前额灰黑夹杂的头发，在他不经意地抚弄下，有时堆积成"小丘陵"的样子，有时又恢复成了"平原"。

对遥感领域之外的话题，他表现出惜字如金的谨慎，"这不是我的专业，我不便多作评价"。如果请他谈谈"如何看待社会对院士问题的热议"，他以一句"你说得很对"作为回答。事实上，这位被描述为"仙风道骨"的专家口里，几乎没有一句称得上犀利的言论。

在李小文看来，自己的"慎言"跟年轻时的特殊经历有关。读大学时，他写了一篇批驳姚文元的文章"惹下麻烦"，从而总结出"假话不要说，真话也不能随便说"的人生经验。不过，他有意识地自我克制，有时也似乎拧不过骨子里的率直。

四川汶川特大地震后，他看见总理温家宝去灾区时，手里拿的是地图，而不是遥感出的现势图，不禁在博客上替遥感界致歉，"我们搞遥感的，真是恨不得打个地洞钻下去，就算地震殉国算了"。当时，有人称赞他敢说真话，"是业界的良心"。

面对外界给他贴上的各种标签，无论是武功盖世"扫地僧"，还是淡泊明志的"五柳先生"，李小文不作争辩，但是也"不赞同"。他说："有些说法都太拔高了。"

他自感，"初次见面的人对我的印象大多不好"，可能还是"因为不修边幅"。他总结道，"在以貌取人的社会，衣着随便还是会惹些麻烦，吃点儿小亏"，但又紧接着说"无所谓"。

北师大的一位同事回忆，李小文第一次来学院报到时，穿着白衬衫和黑裤子，手里拎着上世纪80年代流行的半圆形黑包，脚上也是一双布鞋，"特别土"。当时，门卫以为他是来推销的农民，毫不客气地将他挡在了门外。还有一次，他去学院领院士生活补助时，斜挎着一个破包，站在财务处的柜台前，被学生误作是"修空调的师傅讨要工钱"。

李小文似乎天然不愿将精力耗费于外在修饰。在四川长大的他从小爱打赤脚，就连恋爱时"见女朋友家人也光着脚"。2001年，在长江学者的颁奖典礼上，他也是光脚穿着布鞋。上世纪80年代，出国留学前特意缝制的两身西装，因为穿在他身上"像是偷来的"，在

在中国科学院大学的讲台前，低头念着发言稿

异国他乡几乎没有派上用场。令他庆幸的是，"幸亏是在美国，要是在讲究绅士风度的英国，也不大好穿得随意了"。

"身上的东西越少越好。"李小文用一种笃定的语气说。他用手上的奥卡姆剃刀，刮去令自己感到繁杂的枝枝蔓蔓。

他难以忍受生活里的琐碎小事。他的一口牙齿在车祸中被撞松，因为不耐烦"一颗一颗地治"，就干脆拔光了事。他不爱管钱，几乎不碰银行卡。有一次，他的银行卡消磁了，"只有本人签字才能重办"，才极不情愿地被家人哄进银行。

他不断地刮去繁冗的社交活动，将自己的生活半径缩减在自由书斋里。有时去外地开会，他也恨不得"白天去晚上就往回赶"。如今，他不爱去办公室，"因为总是会被打扰"。他怡然自得的时刻是坐在书房里思考问题。除此以外，他热衷于让思绪在博客上自由驰骋。

在博客世界中，他会刻意去掉"院士"的光环，以一个名为"黄老邪"的普通网友身份，跟年龄和资历与他相差很多的人平等交流。在这个虚拟的学术江湖里，他倒是显露出几分侠客气质，会不时针对遥感领域的问题"和某某人掐一架"，有时还会怅然地"孤独求败"。

和他最喜欢的武侠小说《笑傲江湖》里的令狐冲一样，他身上经常揣着酒壶。但近两年，因为肝硬化，他开始戒酒。然而，多年以来，他从未打算刮掉的是烟瘾、不愿被束缚的意志以及"不跟风"的个性。

他固执地认为，"吸烟有害健康"没有充分的科学依据。他还会收集"爱吸烟的出租车司机患非典概率低"等说法来论证吸烟的好处，令家人感到哭笑不得。

有时，他的"固执"像烟雾一样，散落在生活的各个角落。他把医院比喻为"善良的专政"，厌恶被束缚在病床和医疗器械上。两年前，心脏骤停的他被抢救过来后，反倒恼怒家人"为何同意在他身上施加强制措施"。后来，他拟下一份"尊严死"的生前遗嘱，还让家人在遗嘱上签字，不允许在他身上使用"呼吸机和心脏电击"等急救措施。

在一些同学看来，李小文从小就表现出"特立独行"的一面，尤其不爱跟风。小时候，他不爱背珠算口诀，干脆放弃学珠算，拿零分也毫不在意，"因为那时候已经看到大人们用计算尺和手摇计算机了"。在美国读研究生时，他的追求始终是及格就行，"考高了就觉得自己吃亏了，尽量把分数压下来"。

在通往科学真理的征途上，李小文性格中的"固执"和"不跟风"糅杂起来，是一种"不盲从"的态度。早年在美国留学时，他敢挑战美国遥感界的权威声音，提出遥感观测中"热点效应"更圆满的物理解释，这成为他的成名作，被国际遥感界称为"20世纪80年代世界遥感的三大贡献之一"。

在专业领域里，李小文虽然争强好胜，但也"愿赌服输"。他和一个学生打赌，"太阳是否可能从东北方升起"。一个科学界的大人物，在小小自然现象的观测方面，败下阵来。不过，在真理是非问题上，他却显得并不固执，坦率地承认，"犯了一个低级错误，打赌输给学生"。

这位著名的遥感学专家，在自己后半段的科研生涯里，没有停止挥动奥卡姆剃刀。他试图回到一些基本但又容易被业界忽视的课题上来，比如"尺度效应"。

他用苏东坡的诗句"横看成岭侧成峰，远近高低各不同"来解释遥感领域的"观察方向和角度"。在他看来，观察活生生的人，也应该遵循此理。

这位勾起人们无限好奇心的科学家，试图刮掉舆论赋予他的刻板印象。追求简单的他认为，那些标签也是压在身上的"一种负担"。

当然，他手上的奥卡姆剃刀是无形的，是一位名叫奥卡姆的逻辑学家提出的思维方法，概括起来正是他所信奉的"如无必要，勿增实体"。

陈璇 / 文

2014 年 6 月 4 日

葛存壮（1929—2016）

在角色无个性的特殊年代中，他演的小人物、大反派个个都丰满有人味儿，这让他成了观众的偶像。他善待每一个龙套小角色，这让他成了年轻演员的偶像。儿子葛优一直犯怵跟他同台飚戏，然而很明显，耳濡目染，他学得了老爷子的精魂儿。

葛存壮
爱演大反派的老戏痴

87 岁的葛存壮走了。

一生扮演配角的他，在银幕上"死"过的次数不少。从《小兵张嘎》中被八路乱枪打穿的龟田少佐，到《神秘的大佛》里被女侠一招解决的恶霸沙驼爷。大部分时间，角色结局越惨，观众掌声就越热烈。

鲜有人知，为了演好一个反派角色，葛存壮曾下到乡村，眼巴巴地盯着村里的地主好几天。回到剧组，再读几遍原著。末了，他把原文剪下来，贴到剧本旁。

在朋友杨静眼中，老伙计天生"爱演"。"还打着仗呢，他蓄着长胡长发，戴着小帽，缠着围巾，十足艺术青年的作派。"

身边人都觉得"怪"，还给他起了个"老嘎"的绰号。

老嘎也确实不同。

第二篇 纯净人生纤尘不染

那时候拍电影也算革命，工资都一样，组织分配角色。其他人巴不得闲着，只有葛存壮每天早出晚归。听说大导演凌子风的剧组里缺个"日本鬼子"，他赶紧主动请缨。

有人心疼葛存壮"身形瘦，颧骨高"，注定演不了主角。可他自己开心得很，"再不济，也比年轻时候强"。1949年，20岁的葛存壮正式开始当演员，老友吴素琴还记得，没干这行前，老嘎在地方乐团拉小提琴，"拉高兴了就站起来跳，把其他人吓得不轻"。

凌子风喜欢上了这个认真的年轻人，让他演大反派。结果，老嘎扮的坏人还真和其他人不一样。

"他的坏得过且过，是个手一戳就破，火一点就着的纸老虎，像一个颇有自知之明的跳梁小丑。"有影评人这样写道，"跟样板戏中的那些脸谱比起来，他的表演有人味儿。"

晚年的葛存壮觉得，这和自己从小观察"坏人"分不开。童年时被日军扫荡部队捉到村前空地训话，好奇的他反而忘了害怕，主动端详鬼子。长大后被送到私人医院当学徒，又见识了各式各样的日本人。从粗暴到文雅，老嘎脑子里存了好多形象，表演时候都能用上。

至于其他角色，就全靠演技。《平原游击队》里，汉奸杨守业要抓男主角，原本只有一个动作，到了老嘎这儿，点上烟卷，扇扇蒲扇，猛然一回头，两眼一瞪："咦？李向阳！快来人！抓住他！李向阳！"

最后连家人都被"蒙"住了。老伴儿施文心看见他扮演的《小二黑结婚》里面的流氓金旺，忍不住抱怨："演这么像？太恶心了，以后别演这些了。"

老嘎一听就乐了。正面人物演不了，而且角儿也没个性，反倒是反面人物没顾忌，能放开手脚折腾。"文革"时期，有一次导演想把他一个"伟光正"的角色换成被嘲讽的对象，但不好意思跟葛存壮开口。没承想他比谁都积极，理由也让人错愕——

"这角色比之前的更出戏啊。"

"是个角色就要演好。跑龙套出身的，挑啥啊。"老爷子曾说。

到了晚年，老爷子喜欢告诫后生们好好演戏。他很认真地和记者说，演员拍戏必须深入生活。没有几个月的真实体验，形象气质根本出不来。

"只有小角色，没有小演员。"演员张山在年轻时就被老嘎提醒过。

当年拍《小花》的时候，刘晓庆、唐国强都还算小演员，葛存壮成了最大的"腕儿"。然而他没有明星架子，天天买当地的好酒，主动召集年轻演员到亭子里说戏，把自己当半个导演。到拍摄结束，一群人都把他当作了偶像。

在朋友们眼里，他是个天生"浑身是戏"的活宝：和同事谢芳比赛钓鱼，输了的老嘎指着人家一板一眼地说："你是个美女，钓鱼还化妆，上钩的全是公鱼！"邻居黄健中的儿子出生了，他跑到楼道里大喊"老黄当爸爸喽"，搞得全院轰动。

"他拍戏，还带着酒，人家场务借口水喝，当时就愣了。"和葛存壮搭过十几部戏的于洋感叹，这人拍戏是真享受，"到了晚上他喝多了，就开始给剧组表演唱歌，还总唱什么《天涯歌女》。"

即使到了晚年，老嘎依然如此。于洋回忆，一有人想看《小兵张嘎》里的龟田，腰都直不起来的他立马就演；和老同事一起上电视节目，他还变出把玩具枪递给主持人，说要给观众表演"太君被捕"。

唯一一次遭罪，恐怕是晚年扮演闻一多。那时的老爷子满嘴还剩三颗牙。可就是这三颗牙，耽误了定妆，而且比剧中人物的长出一小截。怎么拾掇都不像，一狠心，他把三颗牙都给拔了。

熟悉葛存壮的人都知道，老爷子一生，似乎只有两次是主动请戏。

第一次是演齐白石。导演宋崇记得，葛老主动请缨，说自己为这个角色准备了 10 年。事实上，因为想演齐白石，他学了好多年毛笔字和国画，还收藏了一副齐白石的眼镜。快开拍了，他又跑到纪录片厂，把白石老人的纪录片录了回来，翻来覆去地看。最后，果然拿了个金鸡奖。

2002 年，葛优凭借《大腕》获得"百花奖最佳男主角"，葛存壮亲自为儿子颁奖

第二次，是想和儿子葛优搭戏。那时的葛优在《编辑部的故事》里演主角，恰好有个角色适合他，老爷子就特高兴。结果，儿子听说要和爸爸同台，怵了，最后也就不了了之。

最后这几年，老嘎总说不遗憾，但私下里和亲朋在一起，他又会唠叨："要是能和儿子飙场戏，那该多痛快啊。"

晚年被人尊称为"著名表演艺术家"的葛存壮，2016 年 3 月 4 日因脑梗引发心脏衰竭逝世，享年 87 岁。有媒体总结，他是个"演了一辈子反派的大好人"。

"戏无大小。"老爷子最后一次上大银幕，是《建国大业》里一个没名字的代表，有人替他惋惜，他只回了这么一句。

程盟超 / 文

2016 年 3 月 23 日

谷超豪（1926—2012）

他的学生说，谷先生就像一个开采金矿的带头人，创业之初的种种困难他都解决了，找到通往金矿之路后，就让给了跟随他的年轻人。他的名气没有其师苏步青大，但苏步青认为他超过了自己。

谷超豪
吾以诗心待数学

复旦校园，过去的半年之中，很多学生已经记不清这是第几次看到道路两旁悬挂起一排排纸鹤。

而这一次离去的，是数学家谷超豪。

这位数学家的故事可不是枯燥的公式，处处闪动着调皮的生活色彩。"文革"下放时，他从广播里听到龙卷风要经过，居然还有心思看看窗外飘飞的雨点，算曲率，说播报有误。在香港便利店买完冰镇矿泉水，他突然对身旁的学生说："你知道怎么用数学描述随着时间的推移，冰的融化过程吗？"

在他看来，生活处处有数学，"人谓数无味，我道味无穷"。住院时，他根据抽血检验报告，预测自己的出院时间。根据风向和台风的几何特性，他常和天气预报比赛谁预测台风更准确。

这位没戴瓶底厚的近视眼镜、走路思考问题也不会撞到电线杆

这是谷超豪岳父胡伯翔为女儿女婿拍下的结婚照。胡伯翔是与郎静山齐名的中国早期摄影的开拓者

的数学家，用他 86 年的一生告诉人们：数学也有诗情画意。

"诗可以用简单的语言表达非常复杂的内容，用具体的语言表现深刻的感情和志向，数学也是这样，1 除以 3，可以一直除下去，永远除不完，最后用一个无限循环的小数表示出来，给人无穷的想象空间。"他说。

他总结出数学与古典诗词相通的"理论根据"：诗歌的对仗与数学的对称是相似的，许多文学作品中还蕴涵着丰富的科学思想萌芽。"任何科学都需要语言的表达，文学修养对一个科学工作者来说必不可少。有些文学作品很讲逻辑，我在中学就学会了运用数学的反证法，或许与我读《三国演义》有关吧。"

最后，他干脆把艰涩的微分几何定理写成了诗："曲面全凸形难变，空间双曲群可迁。"

在家里，同为数学家的妻子和他的共同话题总是数学研究，但他却并不觉得乏味，因为彼此听得懂对方讲的"趣味数学"，就是一种幸福。

可现实并不总是诗意。在学生的印象中，谷老师从未背后评论过任何人的人品，只有一次例外，他对一名四处兼职的同行非常反感，厌恶地说："人也是会变的。"

他的学生、中科院院士洪家兴曾经告诉他，中国数学界论文发表数量是世界第二，仅次于美国，但论文被引用的数量却排在 100 多位。听到这个统计后，谷超豪很久没有说话。

洪家兴比喻说，谷先生就像一个开采金矿的带头人，带着大家探索、开路。创业之初的种种困难事情都让谷先生做了，找到一条通往金矿之路后，他就把金矿让给跟随他的年轻人去继续挖掘，自己则带着另一批年轻人去寻找另一个金矿。

在复旦任教的几十年岁月里，只要没有重要会议，谷超豪雷打不动地组织每周一次的讨论班，大家坐成一圈，交流心得。"我们最怕的就是谷先生开口提问。"谷超豪的"关门弟子"谢纳庆说，讨论班上，有时东西实在太难，谢纳庆想糊弄过去，谷老会很快打断他，把他企图蒙混过去的问题重新拎出来，要他详细解答。每次都让他下不了台。

80多岁了，谷老一直坚持亲自指导学生。晚年在病房打着点滴接受记者采访时，他曾得意地说："想不到吧，我的两个'关门弟子'，就是在这里完成论文答辩的。"

其实，在数学系之外的复旦校园里，谷超豪算不上特别有名，远不如其老师苏步青。但苏步青却说，谷超豪的学术成就超越了自己，是他最好的学生，没有"之一"。唯一不如自己的地方，就是"没有培养出超过自己的学生"。

"他这是在将我的军！"谷超豪曾说。如今，谷老的学生中已经走出九位"两院"院士。他感叹，"在一定程度上我可以向苏先生交账了！"

"人生几何学几何，不学庄生殆无边。"他不喜欢庄子"以有涯随无涯"的处世之道，总是"希望再多做一些事情"。

60岁时，他写道，"谁云花甲是老人，孜孜学数犹童心"；70岁，他说"七十古稀今不稀"；到80岁，谷老依然笑称自己只是过了一个"小小的"生日："如今我还要说，八十古稀今不稀。很多比我还要年长的科学家，还在一线工作。"

可惜的是，他没能像自己许的生日愿望那样，"再干若干年"。

不过，太空中，始终运行着一颗星——国际编号为171448的小行星"谷超豪星"。

陈竹　周凯／文
2012 年 6 月 27 日

第二篇　纯净人生纤尘不染

83

赵慕鹤（1912— ）

他 75 岁当"背包客"，畅游欧洲；
93 岁到医院做义工；98 岁硕士毕业。
100 岁时，他的书法被大英图书馆收
藏。100 多岁时出了一本自传，成为
畅销书作者。他几乎"逆着时钟"生
长——

赵慕鹤
102 岁的青春模范

赵慕鹤 2009 年拿到硕士学位，那年他 98 岁。2010 年他的书法
作品被送进大英图书馆，102 岁时他还出了一本自传。如果不是他手
背上密布的褐色斑点泄露了岁月痕迹，人们很难想到，这位台湾老
人已经 102 岁了。

2012 年夏天，纪录片导演杨力洲去看他。站在高雄师范学院的
宿舍楼下，顶着 30 多摄氏度的高温，明晃晃的太阳光照得人睁不开
眼睛，杨力洲第一个疑惑是：一个百岁老人怎么还能住在没有电梯
的公寓四楼呢？他循着窄小的楼梯爬上四层，40 多岁的人累得气
喘吁吁。按门铃的时候，"因为怕丢脸"，他刻意压制不均衡的呼吸
节奏。

赵慕鹤在这里住了大半辈子，几乎每天都要爬上爬下。学校担
心他年岁高了，爬不动楼梯了，主动提出帮他把家搬到底楼。赵慕

鹤觉得搬家"毫无必要"，依旧左手握着楼梯扶手，麻利地走下楼梯。他跨上自行车，右脚一蹬踏板，就骑出院门了。

门打开，杨力洲没有看到在他心中预演了很多次的高龄老

85岁时被授予学士学位

年人形象，比如"肌肉萎缩、行动不便"。相反，除了一头白发和年长者都会生出的皱纹，不再有体貌特征提示客人，赵慕鹤"真的已经100岁了"。他用高亮的声音对杨力洲说"别站在那儿，坐下！坐下！"，转身就走进了厨房。

"这是我这辈子第一次看着一位百岁老人下厨房煮饭给我吃。"杨力洲想去帮忙，但是被赵慕鹤拦了回去，"只好杵在客厅里"，看着比他曾祖父还大的人在厨房里舞刀弄铲。

赵慕鹤在案板撒下白面粉。祖籍山东的他仍然保留着北方人的饮食习惯，爱吃面食。他的左手大拇指捏住面团，右手掌沿着顺时针方向把面揉得旋转起来。

如今，赵慕鹤骑车10分钟去菜市场买菜并不费力，但他确实年过百岁了。他生于1912年，40岁孤身从大陆来到台湾，66岁从高雄师范学院退休。他从脱下工作装的那天，精彩的人生才真正开始。

一些年轻人喊着"背着包出门旅行"，但是迟迟迈不出家门。75岁那年，赵慕鹤去旅行社办了护照和签证，独自一人踏上了欧洲之旅。不过，他除了认识一些字母，会说"YES"和"NO"，几乎不懂英语。他也没有太多存款，富裕的只有时间。

"如果出国玩一趟要准备很久，要懂语言，要有钱，那就三辈子都出不了国。"赵慕鹤渴望"自由"，即使他已经是别人眼中的"老家伙"，但还是想去看看外面的世界。

年纪同赵慕鹤差不多大的退休同事劝他："你不担心一出去就回

不来了？"

赵慕鹤笑着说："没关系，大不了就死在外面了。"

他不跟旅行团，因为"这样会不好玩"。一个人周游欧洲各国，对他来说不是难事。他去一个国家，先找到中餐厅，让服务员帮他在纸条上写下要去的地方，就能去火车站买票。

为了省钱，他搭乘夜行火车，在空荡荡的座椅上躺一晚上，算是住了免费旅店。他丝毫不在意已经75岁的身体，在电话亭里蜷着身子也能对付一宿。在法兰克福，他和一帮孙子辈的年轻人挤在青年旅馆里，第二天一早挨个叫醒小伙子们去吃早饭。

他从不担心迷路，"跟着背包的人群走，就能去好地方"。就这样，不会英语、钱不多而且年纪一大把的赵慕鹤，"单枪匹马"地在欧洲玩了5个月，看了埃菲尔铁塔，游了莎士比亚故居，还在莱茵河上唱过歌。

百岁之后的赵慕鹤回忆起"年轻时"的那段"背包客"经历，如数家珍。2011年，赵慕鹤再赴英国，把他在台湾堪称一绝的鸟虫体书法作品送给大英图书馆。在那里，他度过了100岁生日。

时间再回到20世纪，作为教务工作人员，赵慕鹤为大学服务20多年。87岁的时候，他重返校园，但身份不再是老师，而是一个正经八百的大学生。

在赵慕鹤的学生看来，他在"逆时针"而活。以这般高龄考大学原本不在赵慕鹤的人生计划中。他为了鼓励从大陆来台湾依亲的孙子，临时报名和孙子一同进考场。尽管，第一年祖孙两人双双落榜，但是赵慕鹤发现，学习是保持青春的一大秘诀，"脑子动，人就活"。

他像大部分为考大学而拼命读书的年轻人一样，拿出"头悬梁、锥刺股"的劲头，经常复习到凌晨两点，"牙齿都掉光了"。

头发全白、嘴里套着假牙的赵慕鹤考上了台湾空中大学文化艺术系。这成为当时轰动台湾的新闻，不过很多人不看好这位老爷爷。一位教授朋友泼他的冷水："你一定读不到毕业，如果你读完，我给你下跪。"

2011 年，他的书法作品被拥有 250 历史的大英图书馆永久收藏

大学并不会因为年龄问题就给人开绿灯，赵慕鹤也感叹"不好读，功课多，读得很辛苦"。20多岁的孙子都还因为担心大学读不下去"掉眼泪"，讲一堆丧气话。赵慕鹤比年轻人更乐观，"坚持下去总会毕业"。

4年后，孙子参加了爷爷赵慕鹤的毕业典礼。爷孙二人一起穿着学士服合影留念，一个人脸上露出稚气未脱的笑容，另一个人的眼角笑出了皱纹。

91岁的赵慕鹤用头上的这顶学士帽证明，读书与年龄没有关系。当初朝他泼冷水的朋友笑着说："你可真有劲头。"赵慕鹤也在一旁打趣道："你的膝盖啊，要拉下来了。"

可时间还是显示出它无情的一面。如今赵慕鹤的背弯了，耳朵也重听，打电话时听不清楚，会对着听筒大声地喊。

在那幢住了将近60年的宿舍楼里，就剩下他一个如此岁数的人。同他一个时代出生的很多同事和朋友相继去世。前些年，他还一人坐飞机回山东老家探亲，但是现在他不太想回去，因为"故人基本都不在了"。

赵慕鹤不忌讳谈论死亡。他早已写好遗嘱，再三交代好友们，到时不报丧也不发讣闻。除了陪孙子读书的那一段时间，同家人分隔海峡两岸的他一直过着"单身汉"的生活，没有再婚。直到他年过百岁，仍然独立安排自己的饮食起居。

他甚至还要照顾别人。93岁时，他还去医院做义工。走路有些驼背的赵慕鹤帮比他年纪小很多的病人倒尿壶、换纸尿裤，晚上睡在病床旁，日夜陪护。不过，他自己胆囊积水做手术，没有告知任何熟人和好友，直接找邻床的病人家属帮他在手术单上签了字。赵慕鹤在医院住了20天后回家，邻居还以为他"又出门旅游了一趟"。

医院的护士们看着比他们曾祖父还要年长的赵慕鹤在病房里忙碌，而且还是骑自行车来医院，个个都"心惊胆战"，劝他别再来了。赵慕鹤带着天真的想法跟医院商量："要不我改坐公交车来？"最终，医院还是以年事已高为由婉拒他在医院服务。

虽然岁月在继续催人变老，但是赵慕鹤似乎同时间达成了协议，年纪不消磨他追求人生志趣的热情。96岁那年，他挑灯夜战，准备了3个月时间，考上了南华大学哲学研究所。

这是南华大学教授陈德和20多年教师生涯"最值得纪念的经验"。那天，他像往常一样走进教室，猛然间看到一个老人伫立在门边，"以为又有参访贵宾或学生家长到课堂上来观摩"。陈德和正想开口问候这位长者，对方就先自我介绍他是这门课程的选修生。陈德和立刻想到，这就是已经在学校里传开的"最老硕士生"赵慕鹤了。

年近百岁的赵慕鹤和比他差三四辈的人坐在一间教室里上课。有一次，赵慕鹤在课堂上念读书报告，陈德和见他一直站着，连忙叫他坐下来。赵慕鹤说，他是学生，当然要站着。陈德和忍不住开玩笑："您老人家都站着报告了，他们这些年轻人岂不是要跪着听。"

赵慕鹤每周要上三天课。他早上5点就要起床，骑车16分钟去高雄火车站，接着坐上两个小时的火车去嘉义。下火车后，他再搭校车去学校。他从不无故缺课，上课也没有打过盹儿。在陈德和的印象中，赵慕鹤唯一一次迟到，是因为骑车撞上一辆摩托车。他一瘸一拐地走进教室，"坚持上完课才走"。

正因为这次车祸，他的生活终于有了"一点小麻烦"。他的腿肿得很粗，要拄着双拐才能走路，学校临时安排他住进学生宿舍。20多岁的陈信良迎来了可能是世界上最老的研究生室友。

不过，这位超龄的学生并不倚老卖老，"赵爷爷跟年轻人相处时，脑袋也一直在更新"。有时，他会跟着陈信良看《大学生了没》等电视综艺节目，总是笑着问陈信良："现在大学生都这样？"

年轻人未必能赶得上他的步子。当赵慕鹤的硕士学位论文顺利通过后，陈信良连论文题目还没想出来。为此，陈信良不禁在博客里感叹："看来身为年轻人的我还是逊掉了。"

2009年，两鬓斑白的南华大学校长给眉毛都白了一半的赵慕鹤戴上了黑色方帽。他们之间也差了将近40岁。

现在，总会有人问赵慕鹤是否再去读一个博士。他哈哈一笑，连忙摆手，"不读了，不读了。"他这么一说，反倒有人不相信了。

赵慕鹤崭新的月历上还是写满行程。至少，他住了几十年的宿舍楼的院子每天都等着他打扫。爱穿着一件黄色法兰绒格子衬衫的赵慕鹤挥舞着扫帚，他的身后，砖块已经开始脱落的墙上，爬山虎绕了一圈又一圈，总是那么绿着。

陈璇／文

2013 年 2 月 20 日

风骨铮铮舍我其谁

鲁　迅（1881—1936）

　　老先生的相貌先就长得不一样。这张脸非常不买账，非常无所谓，非常酷，又非常慈悲，看上去一脸清苦、刚直、坦然，骨子里却透着风流与俏皮……可是他拍照片似乎不做什么表情，就那么对着镜头，意思是说：怎么样！我就是这样！

鲁　迅
好看又好玩的大先生

我喜欢看他的照片，鲁迅先生长得真好看

　　鲁迅先生被过度谈论了。在今天的社会尺度中，鲁迅是最不该被谈论的人。按照胡塞尔的定义："一个好的怀疑主义者是个坏公民。"鲁迅的性格、主见，不管在哪个朝代，恐怕都是"坏公民"。

　　我们这代人欢喜鲁迅，其实是大有问题的。我小学毕业，"文革"开始，市面上能够出售、准许阅读的书，只有《毛泽东选集》和鲁迅的书。从上世纪50年代开始，鲁迅在中国被弄成一尊神。这是另一个大话题，今天不说。反正我后来读到王朔同志批评鲁迅的文章，读到不少撩拨鲁迅的文字，我猜，他们讨厌的大概是那块牌坊。其实，民国年间鲁迅先生还没变牌坊，住在弄堂里，"浑身痱子，一声不响"，也有许多人讨厌他。我就问自己：为什么我这样喜

第三篇　风骨铮铮舍我其谁

欢鲁迅呢?今天我来试着以一种私人的方式,谈论鲁迅先生。

第一,我喜欢看他的照片,他的样子,我以为鲁迅先生长得真好看。

"文革"中间我弄到一本日记本,里面每隔几页就印着一位中国五四以来大作家的照片,当然是按照上世纪50年代官方钦定的顺序排列:"鲁、郭、茅,巴、老、曹"之类。我记得最后还有赵树理的照片——平心而论,郭沫若、茅盾、老舍、冰心的模样,各有各的性情与分量。近二十多年,胡适之、梁实秋、沈从文、张爱玲的照片,也公开发布了,也都各有各的可圈可点之处,尤其胡适,真是相貌堂堂。我们新时期新文学男男女女作家群,排得出这样的脸谱吗?

可是我看来看去,看来看去,还是鲁迅先生样子最好看。

"五四"那一两代人,单是模样摆在那里,就使今天中国的文艺家不好比。

1979年,"文革"后第一次文代会召开,报纸上许多久违的老脸出现了:胡风、聂绀弩、丁玲、萧军……一个个都是劫后余生。我看见什么呢?看见他们的模样无一例外地坍塌了,被扭曲了。

这时我回头看看鲁迅先生:老先生的相貌先就长得不一样。这张脸非常不买账,非常无所谓,非常酷,又非常慈悲,看上去一脸清苦、刚直、坦然,骨子里却透着风流与俏皮……可是他拍照片似乎不做什么表情,就那么对着镜头,意思是说:怎么样!我就是这样!

所以鲁迅先生的模样真是非常非常配他,配他的文学,配他的脾气,配他的命运,配他的地位与声名。我们说起五四新文学,都承认他是头一块大牌子,可他要是长得不像我们见到的这副样子,你能想象吗?

鲁迅的时代,中国的文艺差不多衔接着西方十八、十九世纪。人家西方十八、十九世纪文学史,法国人摆得出司汤达、巴尔扎克的好样子,英国人摆得出哈代、狄更斯的好样子,德国人摆得出歌德、席勒的好样子,俄国人摆得出托尔斯泰或者陀思妥耶夫斯基的好样子,20世纪的印度还有个泰戈尔,也是好样子——现代中国呢,谢天谢地，总算五四运动闹过后，留下鲁迅先生这张脸摆在世界文豪群像中，不丢我们的脸——大家想想看，上面提到的中国文学家，除了鲁迅先生，哪一张脸摆出去，比他更有分量？更有泰斗相？更有民族性？更有象征性？更有历史性？

而且鲁迅先生非得那么矮小，那么瘦弱，穿件长衫，一副无所谓的样子站在那里。他要是长得跟萧伯纳一般高大，跟巴尔扎克那么壮硕，便是一个致命的错误。可他要是也留着于右任、张群那样的长胡子，或者像吴稚晖、沈钧儒那样光脑袋，古风倒是有古风，毕竟有旧族遗老的气息，可就是不像他——他长得非常的"五四"，非常的"中国"。又其实非常摩登：五四中国相较于大清国，何其摩登，可是你比比当年顶摩登的人物：胡适之、徐志摩、邵洵美……鲁迅先生的模样既不洋派，也非老派，他长得是正好像鲁迅他自己。

我记得上世纪70年代《参考消息》报道联合国秘书长见周恩来，叹其风貌，说是在你面前，我们西方人还是野蛮人。这话不管是真心还是外交辞令，确是说出一种真实。西洋人因为西洋的强大，固然在模样上占了便宜，可是真要遇见优异的中国人，那种骨子里的儒雅凝练，脱略虚空，那种被彼得·卢齐准确形容为"高贵的消极"的气质，实在是西方人所不及。这也好比中国画的墨色，可以将西洋的七彩给比下去。你将鲁迅先生的相貌去和西方文豪的模样摆在一起比比看，真是文气逼人，然而一点不嚣张。

有人会说，这是因为历史已经给了鲁迅莫大的地位，他的模样被印刷媒体引用了七十多年，早经先入为主成为后世公众的视觉符号。是的，很可能是的，但这形象效应是互为因果的：时代凝视这形象，因这形象足以换取时代的凝视，这乃是一种大神秘，俨然宿命，而宿命刻印在模样上——托尔斯泰那部大胡须，是应该写写《战争与和平》；鲁迅那笔小胡子，是应该写写《阿Q正传》；当托尔斯泰借耶稣的话对沙皇说："你悔改吧！"这句话与托尔斯泰的模样很般配；当鲁迅随口给西洋文人看相，说"陀思妥夫斯基一副苦相、尼采一副凶相"，这些话，与鲁迅的模样也很般配——大家要知道，托尔斯泰和鲁迅这样的说法，骄傲得很呢！他们都晓得自己伟大，晓得自己长得有样子。那年萧伯纳在上海见鲁迅，即称赞他好样子，据说老先生应声答道：早年的样子还要好。这不是鲁迅会讲话，是他看得起萧伯纳，也看得起他自己。

我这不是以貌取人吗？是的，在最高意义上，一个人的相貌，便是他的人。但以上说法只是我对老先生的一厢情愿，单相思，并不能征得大家同意的。

就文学论，就人物论，鲁迅是百年来中国第一好玩的人

我喜欢鲁迅的第二个理由，是老先生好玩。就文学论，就人物论，他是百年来中国第一好玩的人。"好玩"这个词，说来有点轻佻，是现在小青年的口头禅，形容鲁迅先生，对不对呢？我想来想去，还是选了这个词。这个词用来指鲁迅，什么意思呢？我只好试着说下去，看看能不能说出意思来。

老先生去世，到明年整70年了。70年来，崇拜鲁迅的人说他是位斗士、勇士、先驱、导师、革命家，说他愤怒激烈、嫉恶如仇、是"没有半点媚骨的人"；厌恶鲁迅的人，则说他是心胸狭窄、不知宽容、睚眦必报、有失温柔敦厚的人。总之，综合正反两面的印象与评价，都仿佛鲁迅是个很凶、很严厉、不通人情的人。

鲁迅先生到底是怎样一个人呢？

最近二十多年，"鲁迅研究"总算比较平实地看待他，将他放回他生存的年代和"语境"中去，不再像过去那样，给他涂上厚厚的涂料。那么，平心而论，在他先后、周围，可称斗士、先驱、导师、革命家的人，实在很不少。譬如章太炎斗袁世凯，鲁迅就很激赏；创建民国的辛亥烈士，更是不计其数；梁启超鼓吹共和、孙中山创立三民主义、陈独秀创建共产党，蔡元培首倡学术自由、胡适宣扬民主理念、梁漱溟亲历乡村建设……这些人物不论成败，在中国近代史上都称得起先驱和导师，他们的事功，可以说均在鲁迅之上。

当年中间偏左的一路，譬如七君子，譬如杨杏佛、李公朴和闻一多，更别说真正造反的大批左翼人士与共产党人，论胆量，论行动力，论献身的大勇，论牺牲的壮烈，更在鲁迅之上。即便右翼阵

营，或以今天的说法，在民国"体制"内敢于和最高当局持续争斗，不假辞色的人，就有廖仲恺、傅斯年、雷震等等一长串名单。据说傅斯年单独扳倒了民国年间两任财政部长，他与蒋介石同桌吃饭，总裁打招呼，他也不相让，居然以自己的脑袋来要挟，总裁也拿他无奈何——这种事，鲁迅先生一件没干过，也不会去干，我们就从来没听说鲁迅和哪位民国高官吃过饭。

总之，鲁迅的时代，英雄豪杰爱国志士，多了去了。只不过五十多年来，许多民国时期人物被贬低了、歪曲了、抹掉了、遗忘了……在我们几代人接受的教育中，万恶的"旧社会"与"解放前"，文坛上好像只有鲁迅一个人在那里左右开弓跟黑暗势力斗。鲁迅一再说，他只有一支笔，可是我们偏要给他背后插许多军旗，像个在舞台上凶巴巴唱独角戏的老武生……

什么叫作"好玩"？"好玩"有什么好？"好玩"跟道德文章什么关系？为什么我要来强调鲁迅先生的"好玩"？

以我个人的心得，所谓"好玩"一词能够超越意义、是非，超越各种大字眼，超越层层叠叠油垢一般的价值判断与意识形态，直接感知那个人。从少年时代阅读鲁迅，我就不断发笑，成年后，我知道这发笑有无数秘密的理由，但说不出来，而且幸亏说不出来——这样一种阅读的快乐。在现代中国的作家中，读来读去，读来读去，只有鲁迅能够给予我，我确信，他这样一句一句写下去，明知道有人会发笑。

我常会想起胡兰成。他是个彻底的失败者，因此成为一个旁观者：他不是左翼，也不是右翼，他在鲁迅的年代是个小辈，没有五四同人对鲁迅的种种情结与偏颇，他的流亡身份使他没有国共两党在评价鲁迅、看待鲁迅时那种政治色彩或党派意气，所以他点评鲁迅，我以为倒最中肯。他说，鲁迅先生经常在文字里装得"呆头呆脑"，其实很"刁"，照他看来，鲁迅真正的可爱处，是他的"跌宕自喜"。

"跌宕自喜"什么意思呢？也不好说，这句话我们早就遗忘了，我只能粗暴而庸俗地翻译成"好玩"。然而"跌宕自喜"也罢，"好玩"也罢，都属于点到为止的说法，领会者自去领会，不领会，或不愿领会的，便说了也白说。我今天要来强说鲁迅的"好玩"，先已经不好玩，怎么办呢，既是已经在这里装成讲演的样子，只好继续做这吃力不讨好的事。

我们先从鲁迅的性格说起。最近我弄到一份四十多年前的内部文件，是当年为拍摄电影《鲁迅传》邀请好些文化人搞的谈话录，其中一部分是文艺高官，都和老先生打过交道。他们几乎每个人都提到鲁迅先生并不是一天到晚板面孔，而是非常诙谐、幽默、随便、喜欢开玩笑，千万不能给他描绘得硬邦邦。夏衍，是老先生讨厌责骂的四条汉子之一，他也说老先生"幽默得要命"。

我有一位上海老朋友，他的亲舅舅即是当年和鲁迅先生玩的小青年，名字叫唐弢。唐弢五六十年代看见世面上把鲁迅弄成那副凶相、苦相，私下里对他外甥说，哎呀，鲁迅不是那个样子的。他说，譬如鲁迅跑来看唐弢，兴致好时，一进门就轻快地在地板上打旋子，一路转到桌子前，一屁股坐在桌面上，手里拿支烟，嬉笑言谈。唐弢还说，那时打笔仗，不是像我们想象的那样一本正经火气大，不过是一群文人你也讲讲，我也讲讲，夜里写了骂某人的文章，老先生隔天和那被骂的朋友酒席上互相说起，照样谈笑。前面说到夏衍，我本以为鲁迅根本不与他玩，结果据夏衍的说法，他们时常一起吃饭谈天，熟得很。

这样看来，鲁迅与所谓"论敌"的关系，半数是"熟人"与朋友之间的关系。不熟不识的人，鲁迅怎样看待，人家又怎样看待鲁迅呢？我的一位师尊认识一位当年与鲁迅打过笔仗的老先生，50年代谈起他年轻时为文撩拨鲁迅，鲁迅回应几句，那老先生到晚年还得意洋洋地说："好哉，我就给鲁迅先生一枪刺下马来！"说罢，哈哈大笑。

这样子听下来，不但鲁迅好玩，而且民国时期的文人、社会、气氛，都有好玩、开心的一面，并不全是凶险，全是暗杀，并不成天你死我活、我活你死。我们的历史教育、历史记忆，是缺乏质感的。历史的某一面被夸张变形，另一面却给藏起来，总是不在场的。

我们要还原鲁迅，先得尽可能还原历史的情境。

在回忆老先生的文字中，似乎女性比较能够把握老先生"好玩"的一面。譬如章衣萍太太回忆有一天和朋友去找鲁迅玩，瞧见老先生正在四川北路往家走，于是隔着马路喊，鲁迅没听见，待众人撵到他家门口，对他说喊了你好几声呢！于是老先生"噢、噢、噢……"的噢了好几声。问他为什么连声回应，鲁迅笑说，你不是叫我好几声吗，我就还给你呀……接着进屋吃栗子，周建人关照要拣小的吃，味道好，鲁迅应声道："是的，人也是小的好！"章太太这才明白又在开玩笑，因她丈夫是个小个子。

这样子看下来，鲁迅简直是随时随地对身边人、身边事在那里开玩笑。照江南话说，他是个极喜欢讲"戏话"的人，连送本书给年轻朋友也要顺便开玩笑——那年他送书给刚结婚的川岛，就在封面上题词道：

"我亲爱的一撮毛哥哥呀，请你从爱人的怀抱中汇出一只手来，接受这枯燥乏味的《中国文学史略》。"

那种亲昵、仁厚、淘气与得意！一个智力与感受力过剩的人，大概才会这样随时随地讲"戏话"。我猜，除了老先生遇见什么真的愤怒的事，他醒着的每一刻，都在寻求这种自己制造的快感。

"好玩"是一种活泼而罕见的人格。

但我们并非没有机会遇见类似的滑稽人，平民百姓中就多有这样可爱的无名的智者。我相信，在严重变形的民国时期人物中，一定也有不少诙谐幽默之徒。然而我所谓的"好玩"是一种活泼而罕见的人格，我不知道用什么词语定义它，它绝不只是滑稽、好笑、可喜，它的内在的力量远远大于我们的想象。好玩，不好玩，甚至有致命的力量——希特勒终于败给丘吉尔，因为希特勒一点不懂得"好玩"；蒋介石败给毛泽东，因为蒋介石不懂得"好玩"。好玩的人懂得自嘲，懂得进退；他总是放松的，游戏的，豁达的；"好玩"，是人格乃至命运的庞大的余地、丰富的侧面、宽厚的背景；好玩的人一旦端正严肃，一旦愤怒激烈，一旦发起威来，不懂得好玩的对手，可就遭殃了。

我们再回头看看清末民初及"五四"英雄们——康有为算得雄辩滔滔，可是不好玩；陈独秀算得鲜明锋利，可是不好玩；胡适算得开明绅士，也嫌不好玩；郭沫若风流盖世，他好玩吗？茅盾则一点好玩的基因也没有；郁达夫性情中人，然而性情不等于好玩；周作人的人品文章淡归淡，总还缺一点调皮与好玩——他虽也论到心里的所谓"流氓鬼"，即文笔偶尔"不正经"——可是论开阖，比他哥哥的纵横交错有真气，到底窄了好几圈，虽这说法不免有偏爱之嫌。最可喜的是林语堂，他当年在乱世中提倡英国式的幽默，给鲁迅好生骂了好几回——顺便说一句，鲁迅批判林语堂，可就脸色端正，将自己的"好玩"暂时收起来——可是我们看不出林语堂平时真好玩，他或许幽默吧，毕竟是种种西式的刻意的自我教养，与鲁迅天性骨子里的大好玩，哪里比得过。

这样子比下来，我们就可以从鲁迅日常的滑稽好玩寻开心，进入他的文章与思想。然而鲁迅先生的文章与思想，已经被长期困在一种诠释模式里。倒是胡兰成接着说，后来那些研究鲁迅的人"斤斤计较"，一天到晚根据鲁迅的著作"核对"鲁迅的思想，这"核对"一句，我以为说得中肯极了。

依我看，历来推崇的鲁迅那些批判性的、战斗性的"革命"文章，今天看来，就叫作"写作的愉悦"——所谓"愉悦"，直白的说法，可不就是"好玩"？譬如鲁迅书写的种种事物，反礼教、解剖国民性、鼓吹白话、反对强权等等，前面说了，当时也有许多人在写，激烈深刻，不在鲁迅之下，时或犹有过之。然而90多年过去，我们今天翻出来看看，五四众人的批判文章总归不及鲁迅，不在主张和道理，而在鲁迅懂得写作的愉悦，懂得词语调度的快感，懂得文章的游戏性。

可是我们看他的文字，通常只看到犀利与深刻，看不到老先生的得意。因为老先生不流露，这不流露，也是一种得意。一种"玩"的姿态，就像他讲笑话，自己不笑的。

好玩与道德文章是什么关系？

我们单是看鲁迅各种集子的题目，就不过是捡别人的讥嘲，拿来耍着玩。什么《而已集》啊、《三闲集》啊、《准风月谈》啊、《南腔北调集》啊，还有那未曾结集的《五讲三嘘集》，真是顺手玩玩，一派游戏态度，结果字面、意思又好看，又高明。他给文章起的题目，也都好玩，一看之下就想读，譬如《论他妈的》《一思而行》《人心很古》《马上支日记》等等等等，数也数不过来。想必老先生一起这题目，就在八字胡底下笑笑，自己得意起来。

历来我们称引鲁迅，尤其是编在中小学语文课本里摁着孩子死命念的篇目——临了还逼着学生硬写什么"主题思想"之类——总是拣那几篇沉痛激愤之作，而许多绝妙的游戏文章，向来不称引。譬如那篇《阿金》，意思深得很呢。另有不少爽快的杂文，譬如《花边文学》中的《京派与海派》《北人与南人》，当时的文人纷纷谈论，言不及义，此后迄今，也还没人比得过，查对日期，竟是同一天所写;《南腔北调集》另有两篇随手撩撩的短文:《上海的少女》《上海的儿童》，搁在今天看，意思也还精辟醒豁，也写在同一天——老人家显然半夜里写得兴起，实在得意，烟抽得一塌糊涂，索性再写一篇。

鲁迅下笔，实在是讲快感的，他自己说他作文是被"挤"出来的，并非"文思泉涌"，我只信一半。因这又是他藏在胡子底下的"戏话"，几分认真，几分调笑，顺便刺刺煞有介事的文学家。而他所谓"匕首"之类，并不真要见血，不过刺着好玩，态度又常是温厚的。譬如《论他妈的》，语气把握得好极了，我们读着，自然明白他是在批判国民性的某一端，可是读到结尾，老先生另起一段，忽然这么写道:

但偶尔也有例外的用法:或表惊异，或表感服。我曾在家乡看见农民父子一同午饭，儿子指着一碗菜向他父亲说:"这不坏，妈的你尝尝看!"父亲回答道:"我不要吃。妈的你吃去罢!"则简直已经醇化为现在时兴的"我的亲爱的"那种意思了。

我猜老先生写到这里，一定得意极了。

中国散文这样子到末尾一笔荡开，荡得这么恳切，又这么漂亮，真是还得看鲁迅。大家不要小看这结尾:它不单是为文章的层次与收笔，我以为更深的意思是，老先生看事情非常体贴，既犀利，又厚道，既是激烈的，又是清醒的，不会将自己的观点与态度推到极端，弄得像在发高烧。一个愤怒的人同时很睿智，一个批判者同时心里在发笑，他的愤怒，他的批判，便是漂亮的文学。

有这样浑身好玩的态度，鲁迅写文章便可尽管峭刻，然后套个好玩的题目，自己笑笑——他晓得自己的文章站得比别人高，晓得他自己站得比他的文章还要高——这样站得高，看得开，所以他游戏得起。所谓"嬉笑怒骂皆成文章"，其实古今中外，没几个人可以做得到。

文章的张力，是人格的张力；写作的维度，是人格的维度——激愤，同时好玩；深刻，然而精通游戏；挑衅，却随时自嘲；批判，忽而话又说回来……鲁迅作文，就是这样地在玩自己人格的维度与张力。他的语气和风调，哪里只是峻急犀利这一路，他会忽而淳厚沉郁，如他的回忆文字；忽而辛辣调皮，如中年以后的杂文；忽而平实郑重，如涉学问或翻译；忽而苍老精辟，如《故事新编》；忽而温润出神，如《朝花夕拾》。而有一种异常绝望虚空的况味，几乎隐在他各时期的文字中，尤其是他的序、跋、题记、后记，以上那些反差极大的品质，会出人意料地糅杂在一起，难分难解。

高贵的品质

许多意见以为鲁迅先生后期的杂文没有文学价值。我的意见正好相反，老先生越到后来越是泼辣无忌、妙笔生花，越是深昧"写作的愉悦"。有些绝妙文章，《古文观止》也不见相似而相应之例，雄辩如韩愈，变幻如苏轼，读到鲁迅的杂文也会惊异赞赏，因他触及的主题与问题，远比古人开阔而杂异；与西人比，要论好玩，则乔叟、塞万提斯、蒙田、伏尔泰，似乎都能找见鲁迅人格的影子。当然，鲁迅直接的影响来自尼采，凭他对世界与学问的直觉，他也如尼采一样，早就是"伟大的反系统论者"，只是尼采的德国性格太认真，也缺鲁迅的好玩，结果发疯，虽然这发疯也令人起敬。

将鲁迅与今人比，又是一大话题。譬如鲁迅的《花边文学》几

民族魂

乎每篇都是游戏文章的妙品，今日报纸上的专栏文章，休想请来这样的笔杆子。鲁迅晚期杂文，尤其是"且介亭"系列，老先生早就半自觉倾心于桑塔格形容巴特尔的所谓"写作本身"——当鲁迅闷在上海独自玩要时，本雅明、萨特、巴特尔、德里达等等，都还是小青年或高中生。当生于光绪年间的鲁迅自认是唯物主义初学者时，当马克思主义在当年中国成为思想时尚时，他凭自己的笔力与洞察力，单独一人，大胆地，自说自话地，异常敏锐而前卫地，触及了二战以后现代写作的种种问题与方式。他完全不是靠讯息获知并实践这类新的文学观念，而是凭借自己内在的天性，即我所谓的"好玩"，玩弄文学，玩弄时代，玩弄他自己。

再借桑塔格对巴特尔的描述——所谓"修辞策略"，所谓"散文与反散文的实践"，所谓"写作变成了冲动与制约的记录"，所谓"思想的艺术变成一种公开的表演"，所谓"让散文公开宣称自己是小说"，所谓"短文的复合体"与"跨范畴的写作"，这些后现代写作特质不论能不能或有没有必要挪去比照鲁迅，然而在鲁迅晚期杂文中，早已无所不在。

而鲁迅大气，根本不在乎这类花招，不给出说法，只管自己玩。即便他得知后来种种西洋理论新说法，他仍然会做他自己——他要是活在今天这个被统称为后现代文化的时期，他也仍然清楚自己相信什么，怀疑什么，他会是后现代文化研究极度清醒的认识者与批判者。诚如巴特尔论及纪德的说法，鲁迅"博览群书，并没有因此改变自己"。

是的，我时常钦佩后现代文本，我们已经没有思想家了，只好借借别人的思想。但以我的偏见，他们似乎还是不及鲁迅——我们中国幸亏有过一个鲁迅，幸亏鲁迅好玩。为什么呢，因为鲁迅先生还有另一层迷人的底色，就是他一早便提醒我们的话。他说：他内心从来是绝望的、黑暗的、有毒的。

他说的是实话。

好玩，然而绝望，绝望，然而好玩，这是一对高贵的、不可或缺的品质。由于鲁迅其他深厚的品质——正直、刚烈、近于妇人之仁的同情心——他曾经一再欣然上当。许多聪明的正人君子因为他上这些当而贬损他。可是鲁迅都能跳脱，都能随即看破而道破，因为他内心克制不住地敏感到黑暗与虚空。

这就是鲁迅为什么至今远远高于他的五四同志们，为什么至今没有人能够掩盖他，企及他，超越他的原因。

然而鲁迅这种绝望的特质，说来并不见容于中国文化与中国人——在我们任意夸张而援引的那位鲁迅身上，偏偏被排除了"绝望"与"好玩"这两样特质——这特质，反倒是现代西方人能意会，即便如老牌左翼思想家葛兰西也说过"智慧上的悲观主义"这样的话，鲁迅听见了，或可引为同调吧。连我们眼中浅薄而开心的美国文化中，也有纽约大导演伍迪·爱伦无遮无拦的话："你这样地悲观绝望，这样地看破一切，你唯一的反应就是放声大笑。"其实，在鲁迅诅咒的古语中，早就有一个词专门形容这种因绝望而发出的笑，只是我们已经忘了、不用了，这个词，叫作"痛哑"。

鲁迅的话题，说不完的。我关于鲁迅先生的两点私人意见——

他好看、他好玩——就勉强说到这里。有朋友会问：鲁迅怎么算好看呢？怎能用好玩来谈论鲁迅呢？这是难以反驳的问题，这也是因此吸引我的问题。这问题的可能的答案之一，恐怕因为我们这个世代，我们的文学，越来越不好看，也不好玩了。

当然，这也是我的私人意见，无法征得大家同意的。

陈丹青/文
2005 年 8 月 10 日

许良英（1920—2013）

"他一直葆有一颗童心，是一座不设防的城，对人是敞开的，对人、对事的评判从无顾忌，完全从本心出发，也不是所有的评判都对，但他是严肃的、真诚的，他活得很真实，从年轻时代到最终岁月，从无更改。他说自己一生不说谎话，除了1949年前跟国民党特务斗之外。"

许良英
像爱因斯坦那样，永不沉默

对于大多数年轻人来说，许良英这个名字并不十分熟悉，但其注定和另一个无人不知的名字联系在一起——爱因斯坦。

在许良英去世当天，家人收到一张"以前不认识的人"用电子邮件发来的画像。画像里，许良英本来还算整齐的白发变得根根竖起，像极了那张流传甚广的爱因斯坦的照片。而在有些媒体的报道中，他甚至被称为"爱因斯坦的中国传人"。

1979年，《爱因斯坦文集》三卷本最终出齐。这套大部分是由许良英在浙江农村"点着煤油灯"，"每天工作十四个小时以上"才完成的书稿，成为当时世界上收录最全的爱因斯坦文集。胡耀邦看了这本文集后说："很多内容我没看懂，但看懂的那些，对我启发很大。"在网络上关于许良英的悼念文章后面，也有很多人提起这本文集，将它列为自己的"科学启蒙读物"。

在他的学生、清华大学教授刘兵看来，"爱因斯坦传人"的说法可能不准确，但他确实是"爱因斯坦在中国最重要的传播者和研究者"。

2000 年，学者傅国涌给许良英写了一本书，名为《爱因斯坦的影子：许良英的道路》。但许良英本人却不同意这个标题，他认为自己和爱因斯坦走的路不太一样。

与那位到处流传着或真或假的幽默小段子的爱因斯坦相比，许良英的脾气有点过分严肃了。他不喜欢很小的小孩，因为他说的"他们听不懂"。如果小孩请教他物理题，他会用一张很大的纸，列满物理公式，天书一般，"一句解释也没有"。

许良英没什么兴趣爱好，几乎从不跟人开玩笑。他晚年的生活，无非是读书看报，天气好的时候去颐和园散散步，偶尔留个影。就连看电视，也永远只看新闻，"电视剧从来不看"。

可一旦遇上感兴趣的话题，他就会"滔滔不绝"。来自浙江的张轩中还清楚地记得 2011 年拜访他的情景。那是一个白发苍苍有点微微驼背的老人。虽然谈话从爱因斯坦和相对论开始，但许良英突然话锋一转，"爱因斯坦的相对论没有民主来得更重要"。

这正是他更为关注的东西。晚年的许良英关心民主更胜于关心科学。

与爱因斯坦相似的是，许良英同样有一个非常聪明的大脑，记忆力超群，看过的新闻经常能十分清楚地记得细节。但是，他从来不会专门关注那些关于贪污腐败新闻的细节。"没有民主就一定腐败，这没什么好关注的"。

1995 年，许良英得到了学者傅国涌的一篇关于民主的未发表的文章，马上开始给这位当时"名不见经传的小人物"写信，提出"一条条很细的"批评意见，其中包括了他对顾准、孙中山等人的独特看法。

晚年，他计划和夫人王来棣合写一本《民主的历史和理论》。为此，他专门研究了西方民主的历史，读了许多"砖头一样的大书"。这对他并不容易。60 多岁时曾患视网膜脱落的许良英，这时的左眼视力为 0.01，右眼视力为 0.1，只有依靠放大镜，才能勉强辨认出字来。但即使如此，在最终离世前，许良英夫妇已经完成了从古希腊到美国的部分的撰写，"基本已经成体系"。

"把民主与共和、宪政并列是不合逻辑的。可以与民主相提并论的是自由、人权、法治。"在很多问题上，许良英的"体系"都有异于别人。

"许良英这个人就是这么一个特点，他搞什么就特别重视什么。"与许良英相识 67 年的范岱年坐在椅子上闭着眼睛回忆。他还记得当年在中科院自然辩证法研究室的时候，许良英曾立志让自然辩证法研究超过苏联。在浙大物理系的时候，他在实验室门口写上"科学至上，物理第一"。那里也是他与爱因斯坦的缘分开始的地方。

那时的许良英还是一名不到 20 岁的头发乌黑浓密的小伙子，但早就已经读完了相对论的有关书籍，并立志做一个"爱因斯坦那样的物理学家"。就连考入浙大第一年填表的时候，志愿栏里他也写上了"做当代物理学权威"。

1942 年，即将从浙江大学毕业的时候，导师王淦昌希望许良英能留下来一起研究中微子，甚至有可能"拿诺贝尔奖"。但是，当时的现实使他不能安心，这位因爱因斯坦而喜欢上物理的年轻人，选择了一条没有爱因斯坦陪伴的革命之路。

"他这人有点完美主义。"直到今日，范岱年依然记得多年前许良英曾跟他说过的一句英文，"all or none"。

这句话也几乎成了他一生的信仰。

晚年时，有朋友来拜访他，借书、聊天儿，他常口无遮拦地得罪很多人："×××还可以；×××很不错的；×××混蛋，很差劲；×××是个阴谋家。"

在大儿子许成钢看来，父亲喜欢批评人是因为他是一个"非黑即白"的人，脑子里"没有任何灰色地带"。即使那些和他本来关系好的人，或者是正在帮他的人，只要发现有一点错误，肯定立马批评，"毫不留情面"。

甚至，当看到他一直十分尊敬的老师束星北公开宣称自己曾做过爱因斯坦的助手时，有些怀疑的许良英就开始翻阅资料。获得确切证据后，他给几家媒体写文章公开宣称："这是束先生经历20多年精神折磨的后遗症。1957年开始，普遍出现了说真话获罪、说假话受奖的怪现象，他的心灵被扭曲后，自然会产生这样的感觉：你们可以大言不惭地说假话，我就不可以？"

假话是被许良英所不齿的。毕业于浙江大学的许良英，最为推崇的就是解放前浙大的老校训："求是"。"排万难，冒百死，以求真知。"他浓重的浙江口音永远能随时背出这句老校长竺可桢对校训的解释。

解放后浙大的校训被修改为"求是创新"，许良英还曾为此当众向那位曾经主持修改校训的校长发难："'求是'后面加个尾巴，犹如画蛇添足，有点不伦不类。"事后，这位领导对他说，"你的意见我理解！"但是许良英却认为这是"掌权者惯用的语言"。

与许良英交往十多年的傅国涌认为，"他一直葆有一颗童心，是一座不设防的城，对人是敞开的，对人、对事的评判从无顾忌，完全从本心出发，也不是所有的评判都对，但他是严肃的、真诚的，他活得很真实，从年轻时代到最终岁月，从无更改。他说自己一生不说谎话，除了1949年前跟国民党特务斗之外。"

这种口无遮拦或许是许良英身上最为明显的爱因斯坦的影子。爱因斯坦认为，对社会上非常恶劣的和不幸的情况保持沉默，"我觉得是在犯同谋罪"。

在特殊的年代，那些众人避之唯恐不及的事，像强烈的日光，打在许良英身上，让他这"爱因斯坦的影子"愈发强烈和真切。

"文革"期间，对爱因斯坦的批判此起彼伏。一篇由许良英和另一位作者共同完成的文章《试论爱因斯坦的哲学思想》，被批为有严重的政治错误。虽然由于"右派"的关系，许良英并没有在这篇文章上署真名，但面对调查组，他还是说"这篇论文全部是我写的"，"文章如有问题，全部责任应该由我承担"。

1962年，许良英从中国科学院接到了翻译爱因斯坦文集的任务。这时，"右派"许良英已经回到了浙江临海张家渡的老家，成了一名

"头戴猢狲帽，腰间系着长围裙"的农民。

为着手这项巨大任务，许良英专门定做了一个 80 厘米长，20 厘米宽的木盒子，里边装满了爱因斯坦的数据卡片。

在他借阅的资料中，最先引起他重视的是一本《爱因斯坦论和平》。看完这本 700 多页的英文著作，发现爱因斯坦"终生信奉社会主义"，"政治上应该是我们团结的对象"，这才开始"心安理得地编译他的著作，介绍他的思想了"。

此后，许良英不再下地劳动，而是用稿费购买工分。每天晚上工作到八九点大队停电，就"点上煤油灯继续翻译到深夜一两点钟"。

对于许良英来说，这时最困扰他的是为什么自己成了"右派"。为了搞懂，他找来了全套的马恩全集，一遍遍地读。还曾经去过韶山，"五进毛主席故居"，每次去就捧着小红本的《毛主席语录》，有时"甚至会热泪盈眶"。

有人感慨许良英的最大错误就是"把该在家里说的事情，拿到单位里说了"。

"我们这些人想不通就慢慢想嘛，但许良英就不行。"直到今天，范岱年依然记得许良英当时"暴跳如雷"的反应。

直到 1974 年向商务印书馆交《爱因斯坦文集》的翻译稿，目睹了"批林批孔批周公"的闹剧，他才彻底从迷信中猛醒过来。"回头一看，几十年的一切就像童话《皇帝的新装》一样。"

后来官方发布消息，称《文集》的编译工作"是由中国著名物理学家许良英主持"。但是，他对这句褒奖之词并不领情，"立即去信要求更正"，申明"我既不是'物理学家'，更不是什么'著名'人物，我不过是一个农民，一个没有公职的人民公社的社员。"

许良英身材瘦小，但直到晚年脾气不改，一旦发怒起来，能量惊人。

在拜访许良英的时候，张轩中想起来，虽然许先生做了许多的事情，但是像他这样的 80 后年轻人许多根本不了解他，对他的呼吁也不感兴趣，于是就小心地问他，是否对年轻人绝望。

"屁话，我怎么会对大多数人的人性绝望呢？你这样说我又要说你放屁了！"许良英又变得有些激动。

"人同此心，心同此理，人心是不可侮的。"这是晚年许良英经常提起的一句话。致力于研究民主的他，虽然相信"中国知识分子中真正搞清楚民主概念的，恐怕不到一百人"，但却一点也不悲观。

许良英的遗体告别仪式原计划是一场极小的仪式，只通知"亲戚和最亲密的朋友"，没想到，来了很多人。北京大学医学部的一个小小的告别厅站满了人，很多人只好在外边寒风中排队等着。

没人说得清，许良英最后的选择是否受爱因斯坦的影响。2005年，当《中国青年报》记者采访许良英，提及爱因斯坦死后"不举行任何葬礼，不修坟墓，不立碑或任何纪念性标志，骨灰由亲友秘密撒向天空"的处理方式时，许良英说："这才是真正的、完整的爱因斯坦，这样的人是不可能被超越的。"

仪式结束后，许良英献出了他最后一样东西——他的遗体。

陈卓 / 文

2013 年 2 月 6 日

第三篇　风骨铮铮舍我其谁

梁漱溟（1893—1988）

在儿子看来，父亲就像一个"出土文物"。一是年代久远，二是由于"政治上的禁忌和潜规则"，一度"被深埋于泥土中，后被挖出来，才发现还有点儿价值"。

梁漱溟
不得不怀念时，才想起了他

　　在第 120 个生日来临之时，梁漱溟再一次"回到"北京大学。此时距他辞去学校讲席已近 90 年，而他离世也已 25 年了。

　　"回来"的梁漱溟在治贝子园会议厅的一块巨大背板上凝神端坐。2013 年 10 月 18 日，近百人相继踏入这间掩映在现代化楼堂中的中式小院，纪念这位中国近现代重要的思想家、哲学家和社会活动者。

　　"梁先生 95 岁去世那年我们给他开过一个会。"王守常回忆道，"据我所知，此后就没什么纪念活动了。"作为北大哲学系教授和中国文化书院院长，他与外语教学与研究出版社共同筹办了梁漱溟诞辰 120 周年座谈会，并担任主持人。

　　绕着会场椭圆形的长桌，可见半数白发苍苍。不少老先生需要被人搀扶着，而前三位发言者的年龄，加起来超过 245 岁。

"你看过他的书吗？"一个负责现场摄像的年轻人小声问同伴。"没有。"后者果断地摇头。

"梁漱溟远未得到应得的重视。"王守常对《中国青年报》记者表示，"纪念他的意义太大了。"

"现在的青年人不知道他"

会议结束后，89岁的梁培宽从沙发中缓慢地站起身来，推开工作人员的手臂，坚持独自行走。作为梁漱溟的长子，他多年来一直从事父亲著述的整理、编校和出版工作。

"之前我对他了解太少，这些年才慢慢走近他。"老人说。

在他看来，父亲就像一个"出土文物"。一是年代久远，二是由于"政治上的禁忌和潜规则"，父亲一度"被深埋于泥土中，后被挖出来，才发现还有点儿价值"。

"现在的青年人不知道他。"老人摆摆手，神情很淡然。

1953年，梁漱溟曾在中央人民政府委员会扩大会议上顶撞毛泽东，遭到严厉批评，被毛斥为"反面教员"，对人民一点好处也没有。

渐渐地，人们不再听闻梁漱溟的名字，即使知道的，也大多是"妖魔化"的他。"就像一个好好的人，脸上被画了很多令人生厌的花纹，别人看他能好吗？"梁培宽解释说。

在近30年时间里，梁漱溟旧作不能再版，新作不能出版。这位一直处在社会活动"漩涡"中心的学者，很快被排挤到中心之外。

"曾经，常常有学者和要员来拜访我父亲，后来便门可罗雀了。"梁培宽说，"如果父亲在意，根本没法活。"

"文革"结束后，这种冷清缓和不少。直到1989年以后，他的著作才开始一版再版。

"也有人纪念他，但不多。"梁培宽说，"这次的规模那是从来没有过的。"而王守常则直接表示："据我所知，以前几乎没有过什么纪念会。"

在作家卢跃刚看来，不能在"知道他的人有多少"这个维度上来评价梁，因为"社会的无知"和梁的重要性没有必然联系。

今年暑期，芝加哥大学历史系终身教授艾恺花了 500 个小时，修订他研究梁漱溟的著作《最后的儒家》，并由外研社出版。这本书1979 年首次出版时，曾获"费正清东方最佳著作奖"。而作为费正清学生的艾恺，也被称为"梁漱溟研究第一人"。

在天津电视台国际频道两年前拍摄的一部纪录片中，艾恺在山东邹平梁漱溟墓前以中国传统礼规对墓碑三拜九叩。已经须发皆白的他将两人的对话录《这个世界会好吗》敬献于黄白菊花之下。

在座谈会上发言时，外研社社长蔡剑峰提到了林语堂纪念蔡元培的三句话：以口为碑、以心为碑、以文为碑。"而我们要为梁漱溟先生建造一所怎样的纪念堂？其实是要以身为碑，让先生精神相传。"

"做成没做成不重要，重要的是一生都在坚持"

王守常回忆梁漱溟晚年的时光，眼前便是一位衣着素简、待人

不得不怀念时，才想起了他

谦和的老人。他常常去梁家聊天儿，觉得"直到最后，他头脑都很清楚"。

有学者概括，梁漱溟一生始终追问两个问题：一是人生问题，即人为什么活着；二是中国问题，即中国向何处去。"五四"之后，在激进拥抱西方思想的潮流中，这个文化守成主义者孤身一人抵抗着。"他企图在东西方（思想）对撞的过程中，重建中华民族的文化主体。"卢跃刚评价道，"那是他'士大夫'的文化使命。"

"我的生命就系于责任一念。"梁漱溟曾自述道。直到晚年，他还慷慨激昂地发言："我不单纯是思想家，我是一个实践者。我一生是拼命干的。"他 20 多岁就到北大任教，后辞去教职，投身乡村建设和社会公共事务。

"做成没做成不重要，重要的是一生都在坚持，以自己的一生去抗拒一个历史潮流。"王守常说，"现在的中国人应该好好去读他的书，他的东西方哲学，和他的人生人性。"这种纪念和继承，在这位教授看来并不是为了个人，而是为了国家和民族。

梁培宽回忆，别的父母给孩子写信，常常嘘寒问暖，而梁漱溟全然没有家长里短，总是在谈社会问题。

1938年，梁漱溟与毛泽东在延安

而即便是在梁去世几十年后，他所关心的问题，依然存在。在王守常看来，那就是经济高速发展的中国，如何把自己五千年的文化延续下去。

"梁漱溟与激进的学者不同。顾颉刚和茅盾等，就认为应当等中国强大起来，再恢复中国文化。可是你看今天，我们对自己的文化传统很少了解。"王守常说。

当被问及父亲说过的话里，就当前而言哪一句最值得注意时，梁漱溟次子梁培恕觉得是"人类需要认识自己"。梁漱溟曾提出世界学术发展有偏，结果是人类能够认识物，能够利用物，但人类管不住自己。

"现在危机感是普遍的，人与人对立，人与物对立，人类只顾消耗物资，后果不关我的事。"梁培恕解释道，梁漱溟曾将文化分成两大类，一个向外用力，例如把人送往太空；一个向内用力，是吾日三省吾身。"中国也把人送上了太空，但是忘记了吾日三省。"

如今，少数外国人开始谈论中国将接替美国领导世界，而早在上世纪30年代，梁漱溟就逐渐确认，世界前途和中国前途不在于西方的路。而中国的使命，是以融合两种文化长处的文化来贡献给世界。

曾经，梁漱溟认为中国的两大问题，一是统一问题，二是民主问题。耄耋之年的梁培宽深深地喘了口气说："今天的中国，这两个问题依然存在。而这个时代，需要像他那样去做事的人。"

夕阳透过小窗，照进北大承泽园一间老旧公寓。老人逆光坐着，望着面前墙上悬挂的父亲的遗像，神情有些凄凉。"时下青年人的责任心淡薄了很多。"他摩挲着椅子的扶手，眼中忽又泛出道光华，"我觉得，青年不光要对自己负责，还要对社会国家负责。往大了说，要对人类负责。"

"原来我们做的事不是新的，而是把前辈的工作捡起来"

在梁培宽看来，并非没有这样的年轻人。白亚丽便是其中之一。

10 年前，如今是梁漱溟乡村建设中心骨干的她还是个 20 岁出头的大学生。因为对农村问题感兴趣，她开始追随老师，奔赴全国各地，在 100 多所高校中建立起"大学生涉农社团"。

在一堂乡村建设讲座中，她第一次听说梁漱溟这个名字。

"原来我们做的事不是新的，而是把前辈的工作重新捡起来。"白亚丽说。

1931 年，梁漱溟的《乡村建设理论》出版，同年，他在邹平县成立山东乡村建设研究院。此前，他曾在广东倡导"乡治"、在河南尝试"村治"。

他始终认为，中国社会是"以乡村为基础，并以乡村为主体的"，但中国近百年史，近乎一部乡村破坏史。他希望通过乡村建设来拯救整个中国，"实是图谋中国社会积极建设的运动"，包括政治、经济和文化。

"他开始得很早，当时影响很大。"近年积极投身乡村建设的卢跃刚解释说，兼任县长的梁漱溟，实际上亦有其文化抱负，他要探索在现代化问题中中国的文化角色和主体性。

此时，横向来看，东西方知识分子皆有此类尝试，有的从经济入手，有的从教育入手，有的从文化入手，有的进行乡村自治试验。

2003 年，白亚丽跟十几所高校的学生去安徽的一个村子下乡调研。她发现，中国农村除了上访，还有很多问题。传统风气崩坏，老人无人赡养，赌博盛行，分散的小农没有组织，乡村没有公共活动。取消农业税后，进城务工的青壮年越来越多，村子则面临更加快速的衰败和凋敝。

10年之间，白亚丽和她的同仁只有一个念头，"重建农村"。

"对我们来讲，乡村重建需要从本土实际出发。"白亚丽说起她所在的机构以梁漱溟命名的缘由，当代主流的农村发展学科和相关理论支持体系都来自西方发达国家的农业规模化经验，我们是小农村社经济为基础的国家，乡村的出路要寻找本土经验。而他是从中国的乡土社会和传统文化出发思考解决中国问题。

受到梁思想和实践的启发，白亚丽和同事也在尝试把小农集合起来发展合作社。在北京西山的"新青年绿色公社"，她和一群年轻人甚至要学着梁漱溟当年和同道那样进行"朝话"：早上起来沐着晨光，思考、交流。

在她看来，从上世纪二三十年代到今天，中国乡村发生了很多变化，追随梁、继承梁并不意味着全盘接收他的乡建理论，而是继承他的行动精神。

但眼下，她所认识的，刚刚接触乡村建设的年轻人，没几个人读过梁漱溟，大多数人，连他的名字是哪几个字都不知道。

"眼下的乡建实践很多已经走偏了。"卢跃刚批评道，"背离了原本的要义。"

从上世纪90年代开始，梁漱溟的已出版著述，虽不是畅销书，却是"长销书"。

根据出版社提供的数据，《中国文化的命运》加印12次，近几年销出10万册，而《中国文化要义》，每次加印数从原来的几千册，到现在的几万册。就连大部头、8卷版的《梁漱溟文集》也卖出4万册。

"说明他思考的很多问题，当今还是人们关心的话题。"梁培宽的语气听起来宽慰而骄傲，从前都是他和家人求出版社，现在终于有出版社主动找他。

不久前，艾恺在北京某书店举行了一场小型的读者见面会。白

第三篇 风骨铮铮舍我其谁

亚丽特别高兴，因为在现场，她看到就梁漱溟向艾恺提问的，大多是"学生模样的年轻人"。

无论是在学生还是家人眼中，梁漱溟对年轻人，都极为尊重和宽容。他不在意自己的孩子做什么，只要"堂堂正正，不贪心、不做坏事"。

"文革"结束后，梁漱溟的孙子梁钦宁曾问过祖父："红卫兵抄家您生气吗？"老人反问孙子："都是十五六岁的孩子，我怎么会生他们的气？"

上世纪 80 年代，大学生梁钦宁从学校里学来迪斯科，表演给祖父看。

"您喜欢吗？"他呼哧呼哧地问道。

90 岁的老人扶了扶眼镜，像他一贯表现出的那样谦和，笑着说："你喜欢就好。"

秦珍子 / 文

2013 年 10 月 23 日

刘起釪（1917—2012）

中国台湾与日本等地研究《尚书》的学者，都将刘起釪奉为"一面大旗"。1992年，日本18所大学的20位教授联名写信，邀请刘前往日本讲学。"如果说中国几百年出一位博通古史经籍学的大家顾颉刚，那么顾辞世之后，只有刘起釪可以领军了。"

而他去世前却蜗居在南京市郊的一处养老院里，生活困顿，日渐衰竭。

刘起釪
老无所依的史学大家

刘起釪一直觉得自己还能做研究，他还有太多事情没有做完。1947年在中央大学历史系研究生毕业期间出版的《两周战国职官考》，已经过去60多年了，得重新改写与修订；关于《左传》与《周礼》的专著也基本成稿，但还需增补些内容。

然而，在许多人看来，这已经是这个95岁的历史学家不可能完成的任务了。起码，在他困居的养老院里，所有人都相信这一点。

在过去的6年多里，养老院一间10多平方米的病房中，刘起釪过着一种几乎与世隔绝的困顿生活。与他相伴的，除了养老院的护工和同屋的另一个重病老人，就是简单的饭菜，夹杂着药水和屎尿味的空气，以及大把无所事事的时光。

由于间歇性发作的帕金森症和老年痴呆，他无力行走，双手时常颤抖，并伴有长期的大小便失禁。他双耳失聪，基本丧失了语言

刘起釪与顾颉刚（右）合影

能力，只是偶尔从喉管里发出一些旁人难以听懂的尖细声音。

如果不是一个偶然的机会，南京当地一家都市报的记者发现了他的存在，并刊发了相关的报道，恐怕没有人会意识到，这个看起来已经走到生命尽头的老人，曾是中国历史学界顶尖的学者之一。

在 2006 年中国社会科学院官网公布的首批荣誉学部委员中，刘起釪是唯一一位先秦史研究专家。他主要研究上古史，专攻中国最早一部古史《尚书》的校、释、译、论，而这早已成为"绝学"。

早在 1942 年师从中央大学历史系教授顾颉刚期间，这个湖南安化人就显露出极佳的史学天赋。

因为家学渊源，刘起釪自幼熟读古籍，并写得一手漂亮的文言文。当年，他用精炼的古文记录顾颉刚讲授春秋战国史的课堂笔记，顾看后大为惊奇，随后结集出版，成为中国近代史学史上的一段佳话。

顾颉刚最为器重这个弟子。1962 年，顾将刘起釪从南京调往北京中国科学院，协助其进行研究工作。此后，弟子就住在北京三里河南沙沟的老师家中，与其共同研究《尚书》。1980 年，老师去世之后，刘起釪又独立承担起整理《尚书》的工作。

"如果说中国几百年出一位博通古史经籍学的大家顾颉刚，那么顾辞世之后，只有刘起釪可以领军了。"中国社科院历史所古代思想史研究员吴锐说。

中国台湾与日本等地研究《尚书》的学者，都将刘起釪奉为"一面大旗"。1992 年，日本 18 所大学的 20 位教授联名写信，邀请刘前往日本讲学。一些日本学者为了弄清某个问题，常专程到北京拜访刘起釪。吴锐至今还记得，一个日本学者委托他引荐时，"脸上那种诚惶诚恐，就怕我不答应他的神情"。

作为顾、刘之后研究《尚书》的第三代学者，吴锐被刘起釪视为自己的"忘年交"。很少有人像吴锐这样清楚地知道，"刘先生是在什么样一种困顿的情景下，一次次地创造出史学界的辉煌"。

社科院曾分给刘起釪一套60多平方米的住房。房子位于一层，昏暗寒冷，而且无法洗澡。狭小的房间放不下大书柜，刘起釪的藏书只能从地板一直堆到天花板。

刘起釪有过两次不成功的婚姻，长期孤身一人生活。直到2000年，以普通研究员身份退休的刘起釪，工资只有1900元，还要分出一部分去接济湖南乡下老家的亲戚。他没有钱买新书，只能到图书馆一部部地抄回来。

吴锐至今还记得，有一次，他去看望刘先生，在他家中吃饭，吃到一半，破旧的桌子突然断了一条腿，饭菜撒了一地。

在吴锐眼中，刘先生有着"传统文人的傲气"。尽管生活颇为艰难，但他从不和外人说。尽管与吴锐素来交好，但遇见不同的观点，刘先生总是操着一口湖南口音的普通话大声争辩，不明内情的外人，总以为他们两个是在吵架。

2004年，年过八旬的刘起釪双耳已经完全失聪。他的女儿女婿都在南京工作，于是，老先生卖掉了北京的房子，前往南京定居。据说，那一次仅仅为运回古籍与研究资料，刘起釪就租用了一个10吨重的集装箱。

他一直没有忘记自己的学术使命。在吴锐的手中，保留着刘先生到南京后与他的20多封通信，每封信都厚达10余页纸，数万字。在信中，刘起釪依然与吴锐探讨着各种学术问题，也会偶尔聊些生活现状。

在其中一封信里，刘起釪这样写道："……在女儿家，终于可以洗上热水澡了，我已经十多年没洗过了，没想到是这么舒服……"

但这样的快乐，这个历史学家却没能享受太久。

2006年，刘起釪的女儿突患高血压、糖尿病，紧接着，他的女婿又得了重症肌无力，两场大病，耗光了刘家几乎所有的积蓄。这对夫妻不得不遵照医嘱，投奔深圳的亲戚，借南方温暖的气候养病。

从那时起，刘起釪便被家人送到了这家养老院，并从此困在这里，再也没有离开过。

在护工毛志芳眼中，刚来的时候，刘起釪和别的老人"不太一样"。他总捧着一套《尚书校释译论》，这是刘起釪一生中最为重要的著作。他片刻不肯离手，总拿着笔，在书上写着什么。

但不知什么时候起，这套书不知去向，老人翻床倒柜苦苦寻找，仍不见踪影。刘起釪大发了一通脾气，从此终日坐在床上对着墙壁，喃喃自语，身体状态也每况愈下。

有一次，毛志芳在老人的床头柜里抽取一件换洗衣服时，无意中抽出了压在最底层的几张信纸。信不知道是什么时候写的，因为老人无法出门，这些信也没能寄出。

事实上，这是刘起釪为了延续自己的学术生命而做的最后一次努力。

信是写给中央高层领导的："……小小浅才薄学之小小读书人刘生起釪，只最向明公尊前简单敬献一乞求之语，那就是不知明公能俯赐一援手否？目前全国熟研古学如浅才者，确实恐怕只有几个人。那么敬待一援手切盼之至！釪待覆示。专此奉肯，切盼德音！"

他逐渐变得和其他老人一样——易怒、烦躁，衣裤越来越破旧，散发出难闻的气味。帕金森症和老年痴呆也渐渐缠上了他。大小便开始失禁，为了护工照顾方便，他的裤子没有拉链，长期套着塑料的尿袋。

在养老院里，一个护工要照顾十多个老人，常有忙不过来的时候。刘起釪嗜辣，有一次，护工不在身边，他伸手去拿床头柜上的辣椒酱，因为手抖得厉害，瓶子失手掉在了地上，

在养老院的凄凉生活

摔碎了，他就用手抓地上的辣酱吃。

2010年年底，南京《金陵晚报》的一个文化记者，偶然得知了刘起釪的近况，并将此事告诉了副总编辑丁邦杰。

作为一个长期跑文化口的新闻工作者，丁邦杰很清楚刘起釪在现代史学界中的地位，这个副总编辑亲自带着记者，去养老院看望刘起釪。

"我简直觉得不可思议，这样一位大家居然到了这步田地，太不可思议了。"他说。

但接下来发生的事，更让这个老报人感到震惊。刘起釪误将他们当作北京来的记者，原本卧床不起的老人，仿佛爆发出全身的能量，翻身下床扑过来，紧紧抓住他的手高声尖叫："带我回北京！带我回北京啊！"

丁邦杰连忙将老人扶回了床上。老人的双耳已经失聪，他们只能通过笔纸来交谈。丁邦杰惊讶地发现，老人对身边的事情已经糊涂了，但只要谈起学术，他的思路却异常清晰，甚至还能写出自己尚未完成的那几部著作的题目。

2011年的大年三十晚上，丁邦杰又来到养老院看望老人。老人已经不清楚这天是什么日子了。这天晚上，养老院的晚餐是一碗水饺和一盘大白菜炒肉片，老人用颤抖的右手夹起水饺，低着头往嘴里送。

在翻检老人的随身物品时，丁邦杰还发现了一张老人亲手写的未能送出的借条，上书："夏老师：请您借人民币100元给我一用。非常感谢！学生刘起釪敬请。"

"这样一位大家，何以至此啊？"丁邦杰难过地说，"要是我们早几年知道，好好照顾老人，再给他配个助手，他还能留下多少宝贵的史学财富？这恐怕永远都是个未知数了。"

其实，吴锐早就向组织上提过类似的建议。

2007年，吴锐就意识到不对劲。不但收不到刘起釪的信，连他给刘写的数封信件，也仿佛石沉大海。2009年，他借来南京出差的机会，到养老院看望刘起釪，他悲哀地发现，原本如亲人般的刘先生，竟然已经认不出他是谁了。

回去后，他向院里提出建议，希望能给刘起釪配个助手，为他整理相关的资料。但这个建议未被采纳。

"刘先生的级别，不够配助手。"一个领导告诉他。

好在因为丁邦杰的报道，刘起釪的境遇发生了一些改变。

南京的市长与市委书记都来看望了这个历史学家，养老院的领导也专门为刘起釪开了一个单间，为他配备了专门的护工。

"您在生活上还有什么要求吗？给您配个轮椅，您需要吗？"采访他的记者在纸上写下了这样的问题。

"不要了。花国家的钱。"他颤抖地写道。

"您还有什么心愿吗？"

"我希望回北京教书。一个课一个课地教下去。"他又写道。

陆续有更多南京市民带着鲜花水果和一些生活用品前来拜访。但老人最珍惜的，是一个读者送来的一本用 A4 纸打印的文稿，上面是一份出土的战国竹简《保训》的注释。

"这是好东西，我（看完）要写份读后心得。"老人发出微弱而尖细的声音。他望着那份文稿的眼神，如同一个疲惫不堪的旅人，终于见到了满是食物和饮水的庇护所一样。

林天宏 / 文

2011 年 3 月 2 日

马小平（1956—2012）

他是一位普通的中学语文老师，但在他的追悼会上，出现了当代中国教育领域中数位重量级的教育人物。钱理群称他是教师中"最具全球视野，可称得上是教育家的人"。杨东平则将他视作"布道者""已属稀有的人文主义教师"。

马小平
孤独的人文教育者

一场简单的追思会在北京郊外的大觉寺举行。青瓦红窗的会场外，立着逝者的遗像。那是个留着平头的中年人，手指间夹着一根点燃的香烟，眼睛微微眯着望向镜头。照片下的三句话讲完了他的一生：

"马小平老师，1956 年出生于湖南湘潭，2012 年在深圳辞世。历任湘潭一中、东莞中学、深圳中学的语文老师。他是一位值得我们尊敬并铭记的好老师。"

时间是 9 月 8 日，教师节前两天。

在这位普通高中老师的追思会上，人们意外地发现了一些在教育领域极有影响力的学者。北京大学中文系退休教授钱理群称马小平是所识教师中"最具全球视野，可称得上是教育家的人"。北京理工大学教育研究院教授杨东平则将他视作"布道者""已属稀有的人文主义教师"。

这位 56 岁就因脑部恶性淋巴瘤去世的教师，曾发觉许多年轻人"有技术却没良知"，简直患上了"人类文明缺乏症、人文素质缺乏症、公民素养缺乏症"；他很少讲教材，但却把梁漱溟、哈维尔、王小波带进课堂；他梦想着"办一所幸福的学校"。

但马小平终究没有成功。如今在美国读大学的李舒扬，两年前曾是他的学生。李还记得，期中家长会上，已患癌症的马老师特意为每位家长准备了一封信，请他们不必过分在意考试，更要注重"学习的自信"。

可没什么人在意这封信。马小平开始时兴致勃勃地念着，很快连声音都虚弱下来。会后，20 多名家长把这位老师围住，质问他为什么不教课本的内容。马小平"显得很疲惫，甚至有些束手无策"。最终，他回到办公室，趴在桌上哭了起来。

那是他执教生涯的最后一个学期。

追思会上，同事、学生们回忆了许多往事。来自湖北的基层教师马一舜坐在台下，"拼命地压抑自己"，但后来还是哭了。"恐怕只有我们这类在糟糕的教育环境中顽强寻找有意义的教育、能惺惺相惜同病相怜的人才可能这样哭。我不仅是为马小平老师哭，也是为自己哭。"

有这感觉的并不止他一人。除马一舜外，会议还邀请了几位来自全国各地的基层教师。多年来，他们都像马小平一样，在自己小小的课堂里抵抗应试模式，坚持人文教育。

对于长年关注中学教育的钱理群来说，他理解这些泪水。这位满头白发的老人走上发言席，注视着面前的教师们，仿佛也望着远远的马小平。"孤独是你的宿命。"他说。

不要低估一个普通中学教师的生命力量所能达到的高度

事实上，当今年 1 月马小平病逝时，后来参加追思会的许多教师和学者从未听说过这个名字。企业家王瑛在报纸上看到了一篇有关马小平的报道。她为这位未曾谋面的教师"大哭了一场"，并想为他做些什么。

9月，马小平在病床上编著的《人文素养读本》（后更名为《叩响命运的门》），终于得以出版。王瑛以此契机举办了追思会。如今，那本近600页的厚书摆放在追思会的讲台上，成为这间朴素会场里唯一的装饰。

钱理群为这本遗著写了序。他在开头就写道："我曾说，'不要看轻中学教师的意义和价值，更不要低估一个普通的中学教师的生命力量所能达到的高度和潜能'。我说这句话时，心里想着的，就是马小平老师。"

马小平不被大多数人所知。但在东莞中学和深圳中学，他绝对是个"明星"。深圳中学初中部的一个孩子，曾偷偷跑去高中部听他开设的通识课；他总是提前几分钟到教室，偶尔某次迟到，就会有学生焦虑起来，"难道今天不上语文课了？"

东莞中学的学生黄素珍还记得第一次见到马小平的情景。在面向全年级的电视语文讲座里，他向学生们发问："你们知道，东莞的工厂里，一年被机器切下来的手指可以排成多长吗？"

很多在父母保护下成长的孩子，第一次从老师那里学到"要感受他人的痛苦"。但马小平更希望学生们感受到爱。那次讲座临近尾声时，他念了一所香港中学的校训："感觉着生命的悲哀，还愿意欢笑的，请受我深深的祝福；感觉着生命的卑微，还予以人尊严的，请受我深深的祝福……"

"他脸上的表情很沉静。"黄素珍正在北大哲学系读博，她坐在覆满青藤的长廊里回忆着，"但他的声音抓住你，吸引你去听。我被很深地打动了。"

那时，马小平还没有生病，是个总熬夜、抽烟的工作狂。每个曾经踏进他小小书房的人都感叹，那里除了门和窗，7000多册书堆满了三面墙。他相信，只要用高三一年来应付考试就足够了。给高一、高二学生上课时，他很少使用教材，甚至不怎么看讲稿。他不在书上为学生画"知识点"，更不总结中心思想。

他是"学者型老师"，以惊人的速度读书、看电影。人们想起他时，总会想起他斜挎着一个大包，快步走在路上。但如果碰到熟悉的老师或同学，他一定停下来，抬起一条腿，将挎包搁在上面，然后从包里翻出他最新推荐的书和影碟送给对方。

"就是那种布道者的形象。"有同事回忆。

他反对仇恨，提倡爱和悲悯。"9·11"事件发生后，学生们都兴奋起来，"炸得好"。可马小平却显出了愤怒，他站在讲台上质问学生："你们知不知道，死的那些都是人！"

讲授课本时，他也有不同于教辅材料的解读。许多学生都记得他讲《孔乙己》跟别人不一样。按照常规解读，文中年仅12岁的小伙计"既是旁观者，又是参与者，以喜写悲，使悲更悲"。

但马老师却在讲台上深深叹了口气，"他还只是个孩子，却与成人社会的视角没什么不同。失去了天性的悲悯，真是悲哀。"

讲到鲁迅的《祝福》时，他没有简单地给课文贴上"封建礼教吃人本质"的标签，他让学生们写篇《与祥林嫂对话》的作文。"站在她的角度，你会怎样体验这个女人的悲哀？"马小平曾在教案里写道，自己希望学生理解她的痛苦，也尊重她的痛苦。

他在学生的一篇作文里获得了回答："真的，当你从这样的课堂里体会到爱，感觉到爱，你就懂得了要尊重人，爱护人。你就会发誓，从此以后再也不会去伤害任何人。"

"我没有把自己打扮成一个精神斗士的想法，但因为有了你这样的学生，才使我觉得这种坚持是必要的"

追思会上，黄素珍悄悄地坐在后排。她是个身材小巧、戴着眼镜的姑娘，也是让马小平最感骄傲的学生之一。其实她并不曾在马老师的班里上过课。

电视讲座过后一年，黄素珍进入高二。马小平又到各班轮流进行研究性学习讲座。下课后，此女暗暗下了决心："我一定要认识你，让你知道这个班里有这样一个学生。"

她只能写信，两封长信。信里写了对苏轼的思考，以及"一些少年的困惑和不合宜的修饰词"。随后，这个总是细声细语的女孩子用塑料袋将信裹起来，放在了马老师那辆早已过时的女式摩托车后座上。

十几天后，她被同学叫进语文组。马小平将自己的回信，郑重地交在她手里。他在信里剖白自己："我上课时，只是坦诚地向你们倾诉我的思想，但是，我知道，能够理解我的人不多……我没有把自己打扮成一个精神斗士的想法，我实实在在的是一个平凡的人，但因为有了你这样的学生，才使我觉得这种坚持是必要的。"

这个安静、内向、刚刚从乡镇初中考入莞中的女学生突然发现，在学生们看来很强大的老师，"其实心里藏着一种孤独"。

这并非仅是黄素珍的发现。2002年时，张庆威是莞中初中部的学生，那时他开始读村上春树的《且听风吟》和李敖的《快意恩仇录》，有时也在学校论坛上发表些"小感悟和小感想"。一天，他在家突然接到当时兼任教导处副主任的马小平的电话。

"我犯了什么错误？怎么有当官的老师找我？"张庆威记得自己当时满心警惕。

可电话那端的老师开口却说："你的文章写得太好了！我想跟你见一面！"

当他们在办公室见面后，这位老师几乎顾不上和陌生的学生客套一番。他先是夸奖了张庆威关于刘邦、项羽的一篇文章，向他指出一些细节可以更完善。随后又引入历史，双手比划着，滔滔不绝地讲起来。

15岁的男孩有些傻眼，看着眼前表情认真、中气十足的老师。马小平每讲完一个"大话题"时，总会抽几口烟，皱着眉头，"陷入一种无能为力似的沉默"。但张庆威无法打破这种沉默，因为他几乎答不上话来。

直到整个下午的"谈话"结束，张庆威走出教学楼，晒在太阳下，才突然深吸了一口气，脑子里蹦出一句话，"日光其实很强，一种万物生长的鞭子和血！"

"我马上就想读书。"他回忆。在听马小平聊天的日子里，他密集地读到了罗素和爱因斯坦，读到了张中晓和穆旦，读到了王小波和林达，读到了林贤治和王开岭，读到了《不死的火焰》。总之，"他讲过的那些书，都要找来读一遍"。

对年轻的张庆威来说，"再也没有那样担当启蒙者角色的老师"。可回忆过往，他也发现，那时的自己与老师其实是种"互相陪伴"。

学生王翔是个少年诗人。他敏感地觉察到，马小平在与学生交流时并非刻意营造一种平等的氛围，"他就是想聊聊，想找个人，把话说出来。他在寻找一种精神上的同道"。

在外人看来，许多同代人都无法跟上这位老师的脚步。他总是认为，教育正在变成"吞噬学生天真和童趣的怪兽"，"课堂里弥漫着空虚和无意义的气氛"，经济高速发展、对竞争的膜拜，都可能造成教育危机、道德危机。

他引述英国学者汤因比的理论：赶在灾难尚未毁灭人类以前，把能够应对这种灾难的新一代人培养出来。他还常常引用另一位教育家的话："我们留什么样的世界，关键取决于我们留什么样的后代给世界。"

他曾经向王翔抱怨，自己周围充斥着大量平庸的、没有创造性的语言。"他既有那样的气质和追求，但升学压力、同事评估、官僚体制又困扰着他。"王翔说，"那时，我感到他就像个困兽一样。"

从这本书里、那些文章里，就知道他想传递什么，在追寻怎样的教育

追思会开始前，王翔从上海赶到北京。他正在上海大学攻读博士学位。会上，这个穿着格子衬衫的年轻人描述自己的老师："他的心里住着一个少年，这个少年希望创造一个更美好的世界。他跟这个复杂又圆滑的成人世界格格不入，这实际上是他最内在的困难。"

作为马小平最喜欢的学生，王翔在高一时出版了一本诗文集。出版前，本不认识钱理群的王翔写信给这位名教授，请他写序。他同时也请了马小平写序。钱理群与马小平因这个少年得以相识。

但诗文集出版后没多久，因为"想象力在中学会被压抑"，王翔选择退学。他首先告诉马小平这一决定。老师惊讶极了，试图劝劝

学生，"再等一个星期，等校长回来"。可王翔还是决定尽早离开。

此后，尽管王翔常常感到马小平"担忧的、欲言又止的复杂感觉"，但老师并没有开口劝他返回学校。

这个年轻人当时想通过自考进入北京大学，便在北大蔚秀园的河塘边租了间平房，简陋又潮湿。马小平与王翔的一位女同学一起去那间平房看他。一条挂满袜子的铁丝横在床的上方，王翔躺在袜子下面，女同学坐在床边，而马小平就坐在屋里唯一的一把椅子上。

那似乎是一次很轻松的聚会。他们聊着，一只袜子突然掉到女孩子的脸上，大家哈哈大笑起来。

可回到东莞，马小平告诉身边的人，"王翔在北京过得并不好"。说完，他流泪了。

或许正因这些经历，当马小平在信中读到黄素珍希望成为一名教师时，他在回信里写道："生活毕竟不是关在窗子里漫谈理想，我们不可能绕过今天的教育现状，生活到明天去。……你还得从最现实事情做起，那就是，你一定要考上一所好的大学，然后，攻读硕士、博士学位，最后成为一位教育的专家。这绝不是用一种世俗的标准来要求你，而是为了你的理想的实现。"

但他还是无法做到仅仅为了让学生获得高分而将字、词、文章肢解。2004 年，他因恶性肿瘤住院手术，接受放疗和化疗。但这段病床时光，却让他"第一次有了这么完整的时间"，来开发自己心仪的人文素养课程。

他带着电脑和扫描仪，收集了几千篇文章，然后从其中选出包括爱因斯坦的《论教育》、龙应台的《政治的人文素养》、雷颐的《警惕"真理"》、林达的《罗伯特议事规则》与王开岭的《精神明亮的人》等在内的 102 篇，编选成《人文素养读本》。

湖北仙桃中学语文教师梁卫星从来没见过马小平。直到开完追思会后，才开始认认真真地读那本厚书。他几乎立即就被感染了，"只是看这本书，我就觉得他了不起。从那些文章里，我就知道他想传递什么，想追寻怎样的教育。"

病发前，马小平已经从东莞中学调入深圳中学。肿瘤夺去了他的头发、许多体力和眼睛里的明亮。但接受治疗后，他除了每周上几节普通语文课外，还提出要在深中开设人文素养通识课。

最开始，通识课教室被 120 多个学生塞得满满的。然而人数很快便直线下滑，近三分之一的学生不再出现。一位老师曾回忆，每当讲课时听见教室门口响起脚步声，马小平总会不自觉地将目光瞟向门口，希望有人推门走进这个课堂。可等待他的往往是失望，脚步声从门口响起，又远去。

没有学生进来。

既然可以站着讲课，何必跪着

这并不是马小平独有的痛苦。在 9 月 8 日那天夜里，基层的老师们在钱理群入住的宾馆房间里聚会。面对现今的教育模式，他们都感到无力改变。

就在今年年初，陕西师大附属中学主管教学的副校长接到了几位家长的投诉，他们认为孩子的语文老师杨林柯"教育方式不恰当，上课时经常离题，讨论与教学无关的社会热点话题"，他们担心，再这样下去"会对孩子的学习造成负面影响"。

在追思会后谈起这些时，杨林柯显得有些沮丧。在他看来，他只是"不想违背本性，走出并对抗了自己曾接受过的教育"，他希望，"让娃都有自由的思考"。

"语文是最不能急功近利的学科啊。"这位戴眼镜的老师说。他手里还提着行李，会议结束后就要立刻赶回西安。

而同样爱在课堂上讲授课外内容的梁卫星常说一句话："既然可以站着讲课，何必跪着？"但他所在的高中，学生们每天早晨 6 点40 分早读到晚 10 点结束课程，一周里只有星期日下午没课。即便在这样的高压环境里，梁卫星还是反复向学生们强调"甭管什么经典名文，一定要质疑课本"，并且"抓住一切机会讲外面的东西"。

许多年来，梁卫星一直与校领导互相视为"隐形人"。除了同一办公室的 3 位老师外，他很少与其他同事打交道。他拒绝参加学校的集体活动，也理所当然地从未参加过"评先评优"。

梁卫星并不把自己看作一个理想主义者。他甚至反复强调："我的理想是做一个游手好闲的人，教师只是我的一碗饭。但端这碗饭，就得对得起它。"

那天夜里教师们的聚会，让他们感到"每个学校的恐怖程度都差不多"。

纪录片《寻找马小平老师》剧照

有的学校在过去的13年里要求老师一天打4次卡，每次离开校门都要写请假条；也有学校在教室前后各安装一个摄像头，记录着课堂上的一举一动。有老师为了让自己带的班在年级排名靠前，撬锁进入办公室，偷偷在电脑上修改成绩；也有老师因为同事作弊，导致自己的班成了最后一名，知道消息的几分钟后，便从教学楼的4层跳了下去……

至于学生，梁卫星想起自己曾在校园里听到两个女生聊天。其中一个说："学习有什么搞头，我长得这么漂亮，吊一个有权有钱的凯子，不就什么都解决了？"后来，他还听到一个男生向同伴儿大谈自己的理想："我这两年要搞10个女人！"

"这就是我们教出来的学生啊。"梁卫星悲哀地说。

当围在钱理群身边讨论这些时，大家觉得无能为力，最终以唉声叹气结束。但他们又感到，这样的聚会至少让他们不再"只有精神上的孤独"。

追思会第二天，钱理群讲起了自己的故事。2004年，退休不久的他决定回到母校南师大附中开设讲授鲁迅作品的选修课。他字斟句酌地撰写教案，还提前4天来到南京准备。刚开始，课堂挤进了100多人，可是最终坚持下来的，只有20多个人。

一个全程坚持的学生给这位老教授写了封信："我知道您很失望，但您要了解我们的处境。今年我读高二，我可以坚持下来。明年高三时，我可能就没法再来了。"

但在大觉寺再谈起这段经历时，钱理群并没有显出任何的沮丧。他反而露出了愉快的笑容："其实20多人听进去就已经算很大成功了，帮一个算一个。"

"如果学生深信你今天所讲的不是重复昨天讲过的话，那么阅读就会成为你的学生的精神需要"

除去身体力行地一个一个"帮人"外，马小平还有更大的梦想。他想要办一所让学生和老师都感到幸福的学校。

早在他大学里读苏霍姆林斯基的著作时，这个念头就已经扎下根来。那位著名的苏联教育家从29岁起担任家乡所在地一所农村完全中学——帕夫雷什学校校长。在最初的时间里，他只是观察每天都发生的教育事实和教育现象。

他发现，学生在学习过程中感受不到学习的乐趣，一个学生甚至对妈妈说："让我们搬到一个没有学校的地方去吧！"

问题究竟出在哪里？年轻的校长开始着手寻找。他最终发现，孩子们的阅读能力制约了他们理解课本、言语表达和深入思考。

马小平开始思考，学生的阅读能力又该如何提高？在一篇文章里，他提出：如果你的学生感到你的思想在不断地丰富着，如果学生深信你今天所讲的不是重复昨天讲过的话，那么阅读就会成为你的学生的精神需要。

似乎长逾20年的时间里，他的心灵和知识就一直在为办这样一所理想中的学校而准备着。2003年，一所筹办中的学校找到了他，希望他做出全盘架构，并担任校长。

那算得上马小平最快乐的一段日子。他整日沉浸在对新学校的畅想中，仅"发展构想"就写了整整19页。他编写了《教师手册》，甚至想好了厨房的陈设。

那时他还不知道，反对的声音已经出现了。有些同行评价他："太理想主义了，只适合出点子、指路径，做具体工作是没耐心的。"

这些反对的声音并非全无道理。一位同事认为，马小平对形式化、机械化的东西特别痛恨。在学校行政会上听见这类语句，他会当场反驳。在担任莞中教导处副主任后，他也不止一次地说起，自己并不想做行政，"都是消磨时间，一地鸡毛"。

有一次，一位北京来的文化名人在莞中举办讲座。他讲起这些天在东莞的见闻，完全改变了此前认为东莞是片文化沙漠的看法，他还打算把这个结论告诉相关官员。据同事回忆，马小平在台下听着，急了，会后要立刻去找对方，告诉人家眼见未必为实。"这，简直有堂吉诃德之风。"同事评价。

后来，当人们提起马小平身上的理想主义时，他们承认，"这种气质对身边的人会形成一种压力"。

当然，许多学生甚至是同事也被这种气质所吸引，成为他的追随者。现实中，他虽然仅以高三一年应对考试，但班上学生的成绩仍然不错。可他所做的语文教学改革却被另一些人看成"花架子"。他最终没能成为"帕夫雷什学校"的校长。2004 年，他离开东莞，前往深圳。

到深圳后不久，马小平便被诊断为恶性肿瘤。他的头发掉了许多，一直戴着顶白色的贝雷帽。他走路也越来越慢，有时就连挪动半米也要耗费两秒钟。

但他还是没有放弃语文课。他的最后一届学生向婧记得，马老师仍旧坚持站在讲台上授课，只有在为学生们播放电影时，才会坐一阵。可有时坐着坐着，头便垂在胸前睡着了。另一个班的学生蒋雨蒙则提起，一次语文课之前，马老师累得在办公室里睡着了，大家都不忍心叫醒他。但没过多久，马小平还是出现在教室里。他摘下帽子，面向学生们深深鞠了一躬，"对不起，我迟到了。"

不过，当时坐在最后一排的蒋雨蒙也发现，并非所有学生都认同马老师的教学方式。一些学生拿出数理练习册，紧张地做着习题。还有人干脆把《名侦探柯南》摊到桌子上看。

马小平看到后并没有什么特别的表情。他只是说："柯南是个小孩吧？嗯，是个小孩，很聪明的，好像是由大人变成的。"然后，就继续讲课了。

马小平

　　在得知老师患癌症后，曾经的莞中学生胡庆乐特意给他发了一封邮件，询问病情。马小平的回信里没有文字，只有一张图片——朝阳正在灿烂升起。

　　2009年，胡庆乐曾专程去深圳探望过老师。他发现，眼前的人"已经不是6年前那个言语飞扬的男人了"。他戴着花镜，脚步缓慢地在书房走来走去，想多给学生找些书和电影碟，还不断地问他："要不要多带点回去送给其他什么人？"

　　分别时正是黄昏，马小平送客一直到单元楼的铁门外。橘黄色的灯光照下来，虚弱的病人扶着铁门，望着学生离去。学生远远回头，"那一刻我突然感到，他的时代已经过去了。我们还在向前走，可他却只能停留在原地，慢慢地衰老下去。"

　　如今回忆起那一幕，电话那边的胡庆乐，陷入了长长的沉默。

　　他离开后不久，马小平癌症复发。受脑部肿瘤影响，他的记忆力变得越来越差。学生们曾看到，老师在校园里3栋大楼之间的空地上四下张望，脸上带着焦急又沮丧的表情。从办公楼走到教学楼，这条路他曾走过千百次。

　　而那一天，他迷路了。

赵涵漠　陈卓／文

2012年10月10日

孙　翔（1941—1995）

　　任职校长期间，他像一匹在前面奔跑带路的骏马，后面是一群小马跟着跑，"那是学校从上到下风气最好的时候"。然而有人说他最大的失误就是当了校长，尤其是把做学术的认真劲儿用到了行政管理和人事关系上。53 岁时，他在家中自缢。没人知道确切的死亡时间，只能猜测悲剧背后的种种原因。

孙　翔
21 年后才得到了悼念

　　西南交通大学的一批教授终于等到了公开纪念孙翔的时机，这已经是他去世 21 年之后的事儿了。

　　2016 年 5 月 15 日，在西南交大 120 周年校庆的时候，一场纪念该校第 61 任校长孙翔的活动在犀浦校区的一块草坪上举行。

　　在热热闹闹的校庆日，这场名为"孙翔教育基金揭幕仪式"的活动吸引了很多老"交大"人的关注。然而，现今在读的学生，没有多少人认识这位上个世纪的校长。

　　1995 年 3 月 30 日凌晨，独自在家的西南交通大学校长孙翔，用电线把自己悬挂在一根水管上，结束了 53 岁的生命。第二天一早，他的死讯震惊了全校乃至整个铁路系统。

　　官方消息没有透露他结束生命的方式。人们甚至不知道他几时停止了呼吸。从讣告中，人们只知道孙翔"积劳成疾"，不幸逝世。

此后的 20 多年间，也鲜有官方活动提及孙翔。"一位在任校长非正常死亡，这在当时看来是很负面的事情。"有关他的故事，大多是师生们的口耳相传。今天，一个普遍的说法是，孙翔患上了抑郁症。

一些教授多次试图推动公开纪念孙翔，但有人劝说不要去触碰这些"太敏感"的事儿。被劝得次数多了，这些事情就耽搁了下来。

即使如此，在沉寂了 20 多年后，孙翔这个名字再次被提起依然足够响亮。在校庆日举行的这场基金揭幕仪式上，如今是西南交大校长助理兼机械工程学院院长的周仲荣宣布了一个令他自豪的消息：在全校以个人名义设立的各类教育基金中，"孙翔教育基金"募集到的金额最高。

此前，得知基金募集目标后，西南交大香港校友会一位老校友当场表态，离目标差多少钱他就补多少钱。

教务处一位老师则把原本用来支持校庆的钱定向捐给了孙翔基金。她说，孙翔代表了自己对学校未来发展的一种期待。

这种期待在 20 多年前就有过，1993 年 12 月，上任不到半年的孙翔主持召开了学校学科建设工作会议，并做了主旨报告。长达 34 页的讲话稿让很多教师感到"震撼"，会场人山人海，很多老师站在过道上听校长讲话。

那是一次"亮丑"的会议。谢成枢记得，孙翔一口气摆出了很多问题，"他的意思是，不把丑摆出来，根本不可能找出问题"。在会上，他明确表示，这次会议不在于总结过去的成绩，而是要"找出我们的不足"，"夺回已经失去的时间和机会"。

作为铁路运输方面的专家，孙翔和学生翟婉明创立的"翟 - 孙模型"在国际上被公认为是铁路车辆 - 轨道耦合动力学的经典模型。去世那年，他已经被推荐为中国工程院的院士候选人。

"他有十足的信心指挥任何一场学术战役。"他开创了重载列车动力学在中国的研究，主持了高速铁路和重载运输领域的两项国家科技攻关项目，并担任高速机车车体及转向架研制的总设计师。

作为校长，他试图让全校上下都搭上西南交大这趟"重载列车"，希望这个学校能像他研究的火车一样"多拉快跑"。

开足了马力的孙翔确实给学校带来一些变化。最明显的是，人们逐渐把精力聚焦到了学校的中心工作上面，把关系、人情都放到了一边。而孙翔，对于下属的意见和建议，他"听得进去"。

为了把外语专业放到学科的高度来建设，外语系的一位负责人甚至和孙翔吵了一架。理工科出身的孙翔认为，外语只要把学生的四六级考试搞好就行了，就是一个教研室，没必要按学科对待。

而那位负责人认为外语应该享有更高的地位，他跑到孙翔办公室，谈了两个小时，两人争得拍起了桌子，最后不欢而散。回到家中他气得跟家人抱怨："孙翔就是个工科脑袋！"

过了一阵子，这位负责人又去找孙翔。这一回，俩人谈了5个多小时，中间没吃饭，连水都没人来倒，他终于说服了孙翔。

在学科建设的报告中，孙翔说，在文科中，首先要注意发展外语学科，只有形成学科，达到了一定水平，才有可能提高该校外语的基础教育水平。

事后，那位负责人更新了自己对这颗"工科脑袋"的看法："孙校长不是一根筋，而是你没有足够的理由说服他。"

在很多人眼里，这位铁道部直属高校的校长，实在不像个"校长"。持这种观点的，有原铁道部领导，也有学校的普通教职工，还有学生。

有一次他去铁道部办事儿，部领导在开会，他就坐在铁道部门口的台阶上，啃着从成都带过去的冷馒头等着。部领导知道后很生气："孙翔啊，你哪里像个大学校长啊！"

他经常坐火车出差，买不到卧铺票的时候，就一路从成都坐硬座到北京。没有座位的时候，他干脆站着或者坐个小马扎。

在北京办事，孙翔经常骑着学校办事处的自行车，先把周仲荣送到附近的地铁站，周坐地铁，孙翔骑车。到了目的地附近的地铁站再接上周仲荣，然后一起去办事。

"现在讲的八项规定，在他身上体现得淋漓尽致，就算是再多的规定他都符合。"周仲荣感叹。就连做痔疮手术，他也是自己骑自行车去医院。

在学生眼中，孙翔是"真正的老师"，不像高高在上的校长。一次会议之后，已是下午六点半，他看到《西南交大报》学生记者陈思还在会场，便走过去说："小陈，食堂就餐时间已过了，别饿着肚子，跟我们一起到'外招'吃饭。"

校报的很多学生记者，他都认识。他记得住报纸上的署名，遇到学生记者采访他，他会问"你是不是某某某"，对上号之后他就记住了。

周仲荣记得，1986年考上硕士研究生的时候，周仲荣选择的导师是著名机车车辆专家孙竹生教授。但因为孙教授年迈，就把周仲荣安排给了孙翔带。周仲荣一度还有点沮丧。

但是后来，无论是在法国留学期间，还是在加拿大从事博士后研究，以及后来到法国里昂中央理工大学担任客座教授期间，周仲荣总能收到孙翔从国内寄来的信。前后40多封，周仲荣至今保存着。

1993年8月，刚刚就任校长的孙翔在给周仲荣的一封信中表达了"希望大力引进人才，特别是国外留学人员来校工作"的迫切愿望。他坦言："首先想到的就是您。"

他以近乎"表态"的语气对自己的学生写道："一定会千方百计为您创造好的工作条件与生活条件，您有何要求与打算希望能不客气地提出。"23年前的那张信纸上，依然能看出孙翔在信的末尾加注的笔迹，"我是一片诚心"。

"我是完完全全被孙翔拉回来的。"周仲荣说，"决定我回来的，是和孙翔之间的这份个人感情。"

他还把移动通信专家范平志从英国引进回国，把如今的中科院院士翟婉明领入他现在从事的铁路动力学领域。

收到孙翔来信的时候，翟婉明只是一个刚刚毕业的硕士研究生。此前，他们之间并无直接的联系。是翟婉明硕士论文提前答辩的海报引起了孙翔的注意。那年，正在老家过暑假的翟婉明前后收到了孙翔的两封亲笔信，"就一个意思，希望我能考博士"。

翟婉明感到为难，一是他原本从事的是传热学领域的研究，和动力学是两个学科方向。二是动力学专业有一门课没学过，博士考试日期马上就到了，来不及准备。

开学后，孙翔还没有放弃，他特意找翟婉明谈了一次话，讲了当时中国铁路发展特别是重载铁路发展的需求，以及当时中国铁路运能和运量之间的巨大矛盾。

那次长谈把翟婉明"说服了、打动了"。他至今认定，孙翔是自己的"领路人"。

还有一些被孙翔装上西南交大这辆"车"的事物，至今仍影响着校园里的学生。比如一个名为"中法4+4"的国家留学生交换交流项目，如果没有当年孙翔的慷慨，恐怕不会与西南交大结缘。

1991年，法方代表访问中国，得知讯息的周仲荣打算邀请他们到西南交大看看。可是，这种非正式的访问，谁来报销外方的差旅费是个大问题。孙翔知道后，从自己的科研经费里拿出钱用于接待。

"正是因为那次访问，西南交大和清华大学、上海交大、西安交大一起被列为中方参与合作的四所高校。"周仲荣说。迄今为止，已经有184位西南交大学生受益于这个实施了18年的对外交流项目。

有人形容当时学校的状态：校长孙翔像一匹在前面奔跑带路的骏马，后面是一群小马跟着跑，"那是学校从上到下风气最好的时候"。

时任校长办公室副主任的谢成枢回忆，从1986年到1993年，西南交大一个博士点都没有增加，"孙翔非常着急，希望实现零的突破"。

决定召开学科建设工作会前夕，谢成枢提出帮他起草讲话稿，孙翔拒绝了：你不是校长，你不知道我想什么。

然后，武汉到北京出差的路上，孙翔在摇摇晃晃的火车上完成了自己的讲话稿。回到成都后，他才把写得歪歪扭扭的稿子交给工作人员打印。

谢成枢认为，孙翔是真正想把这个学校搞好，"不是把校长当个官儿来做"。

他曾跟下属聊起过自己的"困惑"：为什么有的教授想着去当处长？下属说可能是处长更有权力吧。他不认同这个解释，后来他

孙翔校长（前排左一）和科研团队在大连机车研究所合影

得出的结论是：关键还是个人的学术水平不行，学术上没有发展了，他的心思就会放在当官上面。

他对权力问题的思考一定很多。大多数时候，他表现出的是在权力面前的克制。很多教职工都知道，这位校长不爱动用学校的公车。从外地坐火车回到成都，他经常一个人坐着三轮车就回学校了。

在酝酿学校一个重大发展方针的时候，作为校长，他没有拍板决策，而是以党委副书记的身份主动提议召开一次党员代表会议，充分听取党员的意见。那是西南交大成立以来召开的唯一一次介于两次党员代表大会之间的"党员代表会议"。

在给学生的信中，他坦言，"因地位改变，我有了一定权力"，但他想做的是"尽快改变学校学科陈旧的状况"。

他也有严格使用校长权力的时候。他曾以强硬的态度收回了某处室建好准备自用的一幢楼，把房子分给了那些住房有困难的青年教师。住进那幢名为"丙六"小楼的人，其中几位已经是院士、长江学者等学术骨干。

"他重新分配了利益的蛋糕，自己却啃着冷馒头。"一位教师这样评价。

从另一个角度，孙翔的举动被很多人认为是"从政经验欠缺"的表现。他奔着纯粹的工作目标，却不懂得如何稳健地协调复杂的利益关系。

西南交大被列入"211工程名单"的时候，孙翔难掩内心的激动。在北京回成都的火车上，他表示回去之后要请大家吃饭好好庆祝一下。

但这个提议被劝阻了，下属提醒他：请谁，不请谁，难免挂一漏万。孙翔觉得有道理，便作罢，后改为开会表彰。

有一年学校一项工作出了问题，被媒体曝光了，原铁道部领导批评了学校。尽管他并不直接分管那项工作，"跟他没多大关系"，但孙翔压力很大，他认为自己是校长，应该承担责任。

"有些问题对别人来讲根本就不算个事儿，但对他来说可能就是天大的事。"有教职工认为，他以做学问的态度对待行政的工作，"太过认真了"。

这位重载列车动力学专家没有意识到，要让西南交大这趟"重载列车""多拉快跑"也是一项系统工程，不仅要有好的"车辆"，还要有好的"轨道"，要有强大的"牵引供电"，要有可靠的"信号系统"……

现实中，当他牵引着这趟"列车"向前赶的时候，系统的其他部分并没有跟上来。一位老师回忆，在学校的一次停水事件中，他亲自跑到工地上和施工方协调，又骑着自行车到自来水公司去和工作人员沟通。

"要说他人生最大的错误，就是不该当校长。"一位老师说。事实上，上任后不久，他就曾向学生表示"从此将干一件自己所不愿意干的事"。

也正因为此，孙翔教育基金管理委员会已经决定，基金不仅要奖励教学、科研人员和学生，还要奖励那些优秀的行政管理人员，以此"鞭笞管理者开拓创新"。

20多年过去了，知道他的年轻学生越来越少，而熟知孙翔的人们却"越来越怀念他"。

西南交通大学党委书记王顺洪说，孙翔去世后，他两次梦见了他。有一次，他梦见孙翔"在责怪我们怎么这项工作没做好，那项工作没做好"。去了洗手间再次入睡后，"仍然是梦见他，像电视连续剧一样"。

另一次，他梦见孙翔坐在学校西大门的门口，默默地看着一个个进出学校的师生。说起孙翔的往事，王顺洪一度哽咽。

5月15日的基金揭幕仪式演变成了对孙翔的追思会。讲者和听者当中，有"丙六"的老住户们。孙翔去世的时候，他们还是这幢楼里的年轻人，他们写了挽联，抬着花圈，浩浩荡荡地绕着学校"游行"，为校长送行。

如今的揭幕仪式上，他们已是中年。坐在初夏的骄阳下，没有缺席这场跨越21年的纪念。

王鑫昕／文
2016年6月22日

刘兴诗（1931—）

　　他是被拉进科幻创作队伍的，没想到成为了"中国科幻小说鼻祖之一"。他的科幻创作始终关注现实，在那个疯狂的年代，很多作品给他带来了"莫须有"的罪名和困厄。然而更加不幸的是，他的作品往往一语成谶。他写的书堆起来"比姚明还高"，荒诞的外衣下面是一颗严肃的心。

刘兴诗
用科幻干预现实

　　用"著作等身"来形容科普作家刘兴诗，一点也不为过。有记者前去采访，把他已经出版的作品堆起来，书的高度"比姚明还高"。他伸手、踮脚，还是够不着最上面的那本书。

　　有人统计，在半个多世纪里，这位 81 岁的老人一共出版了 200 多本书。如今，他依然坚持每天写作，准备再出几本书。

　　他的作品大都是写给孩子看的，比如《偷梦的妖精》《星孩子》《讲给孩子的系列》等。可很多家长说，本来是买给孩子看的书，自己先喜欢上了。

　　这位白发老人至今保持着童心，走在路上他会突然想买一根冰棍尝尝。他的精气神儿让很多年轻人望尘莫及，在公开场合讲话的时候，看上去清瘦的他经常挥舞双臂，声如洪钟。

　　事实上，他并不算文人。刘兴诗毕业于北京大学地质系，先后在北京大学、华中师范学院、成都理工大学执教，讲授过从天文到地理的十几门课程，研究领域主要是第四纪地质学及地貌学。

他一直把自己当作一个地质人，喜欢野外考察。在家的时候，他也会穿着抓绒衣类的户外服装。

他自称是被抓壮丁一样抓进科普创作队伍的。20 世纪 50 年代，政府提出"向科学进军"，国内几家少儿出版社相继启动科普、科幻创作工作，可当时"队伍才开张，总共才有十几个人，七八条枪"。几个熟识的编辑认为刘兴诗是学自然科学的，就把他拉了进来。

他似乎有写作的天分。1953 年，22 岁的刘兴诗发表《重庆城池考》。刊发单位回信："希望老先生继续考证下去。"

20 世纪 60 年代初，刘兴诗加入到风靡一时的《十万个为什么》的创作集体。2012 年 2 月，他创作的《讲给孩子的中国大自然》，获得 2011 年度国家科技进步奖二等奖。颁奖典礼时，他被安排在前排就座，和物理学家谢家麟院士、建筑与规划学家吴良镛院士一起，受到国家领导人接见。

他把案板大小的荣誉证书放在夫人的钢琴上面。把颁奖时跟领导人握手的照片摆放在客厅，这张《新闻联播》的视频截图并不清晰，而且仅能看到他的背影。

这个被选为世界科幻委员会中国五人代表之一的老人，曾一度显得不合群。他强调"幻想从现实起飞""科幻小说是科学研究的直接继续"，一些"业内"老友听后纷纷摇头，认为刘兴诗昏了头，怎么能够对文学作品提出这样的要求？

写作《美洲来的哥伦布》时，为了核实几千年前欧洲大陆到底有没有美洲某种形式的独木舟，他花了十多年时间做考证。写到英格兰的一块峭壁时，他查阅了地质图，知道那是石灰岩，这才敢写下峭壁的颜色是"灰色的"。

"细节必须是真实的。"他一字一顿地强调。他总是告诫年轻的作者们：科幻小说在荒诞的外衣里面，有一颗严肃的心。

有一次在武汉大学演讲，有人提问："为什么社会大众不关心科幻小说？"刘兴诗反问："我们的科幻小说不关心社会大众，社会大众怎么会关心这样的作品？"

他果真把一些严肃的现实话题写进了科幻作品。针对房改问题，写了"三代六口九平方"蜗居的《三六九梦幻曲》。

"医疗、住房、教育、腐败、堵车，这些都可以成为科幻小说的素材。如果对现实生活不关心，也没有科学内涵，那就是娱乐流派。"他说。

事实证明，刘兴诗那些严肃主题的科幻小说是有预见性的。他在1962年发表的《北方的云》，是最早的气象科幻作品。作品中写道，内蒙古克什克腾旗沙漠可能起沙而对北京产生威胁，可以在渤海湾通过人工蒸发技术制造雨云，进行空中调水，治理近在咫尺的沙漠。

"不幸言中，今天影响北京的沙尘暴的确主要来自这个沙漠。"他说。

但关心社会现实的科幻作品也给他带来了不少麻烦。

20世纪60年代，他发表了第一篇科幻小说《地下水电站》，讲的是利用地下瀑布建设水力发电站。有人质问他："你污蔑新社会建设在漆黑的地下，是不是特务分子？"

他在一篇文章里设想"能否在辽东半岛和山东半岛之间开设地下铁道"，有人说"你这是要把社会主义的列车沉到海底去"。

他在一篇小说中提到"向西北方向寻找一座金字塔形大沙山"，有人认为"西"是"美帝"、"北"是"苏修"，这就是企图"叛国投敌"。

他被逼着交代"跟克格勃有什么关系"，要他交出电台和手枪。刘兴诗说，电台没有，枪有一把。他拿出儿子的一把玩具手枪，交了上去。

陷身疯狂的年代，他被铁棍打，匕首刺，遍体鳞伤，最后翻墙逃了出去。

"为科幻事业流过血"后，他曾发誓，"再也不写科幻了"。

他其实很少提及那些痛苦的往事，认为"现在讲那些东西没有意思"。

但他常跟年轻人讲起国家的屈辱历史，说到动情处，他会手舞足蹈，甚至流泪。

成都理工大学商学院的年轻教授黄寰说，刘兴诗爱国家、爱学校不是空洞的。他为学校食堂和道路取名字，和同事一同商议确定了校训。

他再次提笔写科幻，是在 1976 年广西山区的一次地质考察之后。

那年，刘兴诗在极为缺水的广西瑶山地区野外考察，为了确认一个溶洞下面是否存在暗河，他爬了进去。进去搜寻了小半天儿，暮色沉降时才爬出洞穴。刘兴诗和队友惊讶地发现，当地村民点着煤油灯依旧守候在洞口。

他找到了暗河，可是限于当时的技术条件，水抽不上来。看着那些淳朴的老乡，刘兴诗愧疚不已。

"科学技术一时不能解决，可以在科幻小说中实现。" 1980 年，他写了《海眼》这本科幻小说，讲述了找水的经历。

"虽然我曾经被不公平对待，却明白了一个道理，创作来源于现实生活和人民的呼唤。为大众而创作，应该理直气壮，任何力量也不能阻挡。" 他这样解释"重出江湖"的原因。

现实生活中，老人的性格与他作品中关注的严肃话题似乎恰好相反。他就像一个"老顽童"，身边总是有一大批"80 后""90 后"的年轻朋友。

他喜欢足球。每逢"欧洲杯"这样的大赛，他会熬夜把球赛看完。他"喜欢高水平的球赛"，但中国足球队的比赛，也不放过。有一天深夜 11 点，成都理工大学大二学生张玉坤接到刘兴诗的电话，电话那头传来老师沮丧的声音："我好伤心，中国队输了。"

他居然把中国足球写进了科幻小说。2000 年中国足球冲击奥运会失败后，他写了《中国足球狂想曲》。

没有球赛的时候，他每天晚上 10 点钟睡觉，清晨 5 点起床，开始写作，一个上午可以写三四千字。退休之后，是他创作的第二个黄金时期。

很多人劝他，这么大把年纪应该颐养天年了。但他认为，"80岁就是'80后'嘛，有什么了不起？"

他在70岁时开始学习使用电脑，76岁时开通了博客。他用QQ视频跟远在海外的女儿聊天。

他对钱"很不敏感"。有时给出版社写书，他不签合同，稿费对方说多少就多少。手头紧了，他还"寅吃卯粮"——向出版社预支稿费，有时候书还没写完，稿费就花光了。

刘兴诗的著作已经超身了

在学生眼里，刘兴诗"跟别的老头儿不一样"。这个白发老人出门总是拒绝学生的搀扶。初次见面，刘兴诗总是先问对方家住哪里，然后他会说出那个地方有什么好吃的。"他总是先记住你的家乡，后来才能记住名字。"当然对于熟悉的朋友，他还能记住人家的手机号码。

跟学生在一起，他从来不让学生花钱。写书的时候，学生帮着收集材料，他就要把稿费全给学生。

不过，在创作方面，老人固执地坚持着老套路，一定要从研究中寻找创作的灵感和线索。汶川大地震后，他只身前往震区，勘探地质地貌的变化，写出了科普作品《山河震撼：行走在汶川大地震中》。

考察中，他坚持不带助手，因为"多一个人就多一份危险"。他身穿红色冲锋衣，为的是出现意外后，便于人们发现他。

刘兴诗80岁寿辰时，有人称：科普大家何处寻？锦官城外刘兴诗。

他也想好了人生的最后之路。在朋友面前，他多次说过，如果他去世了，千万不要放哀乐，他要听《毕业歌》。

　　"那不是什么悲伤的事，不过是人生的一堂课结束了而已。"他笑着说。

王鑫昕　陈鹏／文
2012 年 4 月 25 日

第四篇

专业操守极简至美

于是之（1927—2013）

　　再小的角色碰上演员于是之，都会在舞台上变成人人都记得住的经典。他成了台上的大演员，可私底下的他活得依然谦卑，像极了台上的小人物。不知名的年轻演员指着他的鼻子骂他，他还是和气地打圆场，连声说着对不住，就像是舞台上的王掌柜。

于是之
茶馆还在，他却永远离开了

　　于是之，话剧表演艺术家，1927 年生于唐山，2013 年 1 月 20 日逝于北京，享年 86 岁。

　　灯光一打，帷幕一拉，舞台上的世界就活了，过去的日子好像回来了——飘着烟的茶馆墙上贴着"莫谈国事"，扎着长辫子的男人一边喂着鸟一边喝着茶，顶着黑色小毡帽的于是之坐在柜台后面，招呼着来来往往的客人，来喝一杯茶。

　　这里是老舍的《茶馆》，于是之是这座"茶馆"的第一任掌柜。1958 年，话剧《茶馆》在北京首演，于是之扮演"做了一辈子顺民"的王掌柜。从那时候起，他一次又一次站在舞台上，从北京一路演到欧洲，说着不同语言的观众都为他叫好。

　　这是他一辈子最出名的角色。当然，他也演过其他叫人称道的角色，比如《龙须沟》中的程疯子，还有《骆驼祥子》里的老马等。

他演得好的角色有一个共同点——都是小人物。

于是之演了一辈子戏，也花了一辈子琢磨演戏。第一次演王掌柜的时候，31岁的于是之天天去找与之相称的现实人物，观察他们的一举一动，胆小的他还鼓足勇气跑去找当时声名在望的老舍，商量修改结尾：剧本里的小人物憋了一辈子的话都没说，到头了，让"三个老汉话沧桑"吧。

再小的角色碰上演员于是之，都会在舞台上变成人人都记得住的经典。他成了台上的大演员，可私底下的他活得依然谦卑，像极了台上的小人物。不知名的年轻演员指着他的鼻子骂他，他还是和气地打圆场，连声说着对不住，就像是舞台上的王掌柜。

下了台，卸了妆，上级说，于是之有能力，你当个领导吧。于是，他就成了北京人民艺术剧院的第一副院长，小轿车到了家门口，"每天早晨起来，汽车'呜——'把我拉来，晚上，'呜——'又把我拉回去。"就这样，他做了8年领导，可依然没有架子。他的老伴儿说，他太普通了，走在大街上，没人知道他是演员，没人知道他

《茶馆》中的王利发是于是之最经典的角色之一

是于是之。

领导还没做出模样，他已经累倒了。于是之落了一身的病，说不出话，记不住事，后来还半身不遂。清醒的时候，老爷子自嘲地跟家人抱怨，"我这人官不大啊，怎么跟里根得一样的病呀？"

他跟老伴儿开玩笑说，老天爷嫌他过去说话说太多了，现在不让他说了。这个以语言为生的话剧演员，开始记不住台词，说不出话。1996年，于是之参演人生最后一部话剧《冰糖葫芦》，排练的时候，全场的人盯着他，白花花的灯光打在于是之的脸上，汗滴大颗大颗地冒出来，可他就是一句台词都说不出来。

同为话剧演员的老朋友王宏韬看到他，瘦得皮包骨，走起路来跟跄跄跄的，"我突然意识到，他是程疯子了，我当时就想，是于是之在演程疯子呢，还是程疯子在演于是之？"

1992年7月16日，于是之最后一次在舞台上扮演王掌柜。他又一次穿上长袍大褂，靠在柜台旁打算盘。可上台没多久，他又病发了。

他做不了舞台上的王掌柜，他是个生病的于是之。台下的观众看着他弯着腰说不出话，台上的演员眼巴巴地等他接词儿，他痛苦地把眉头拧得像一把锁，足足等了几分钟，才终于变回王掌柜，用发颤的声音接上了话："我就是忘了我姓什么，也忘不了您这档子事。"

说完这句话，于是之扶着桌子，向台下为他鼓掌的观众深深地鞠躬。后来他写文章说，谢谢观众的宽容，可是"我的戏剧生涯出了些毛病，它告诫我，从那以后我再也不要演戏了"。

作为一个演了一辈子戏的老演员，他记不住的东西越来越多。站在舞台上，他甚至忘记了怎么退场下台，旁边的演员赶紧即兴发挥帮他，"大爷，您这是要去哪儿啊？"

于是之愣了很久，才缓缓地回答说："回家。"

从那以后，他再也不拍照，也不露脸说话。电视台给他拍了个两集的人物纪录片，几乎所有他的朋友，包括老舍之子舒乙都出来替他说话，可他连一个镜头也不要。老伴儿说，他想留在观众心里的于是之，是舞台上的王掌柜，会说会笑，到了演出最后，能坐下来跟观众掏心窝子说说话。

第四篇 专业操守极简至美

老王掌柜躺下了，可他的舞台还在。首都剧院换了新的灯光和音响，年轻的面孔走到台上，一遍遍重复着于是之曾经说过的台词。每天都依然有人从挂商业大片海报的王府井大街一路向前走，在剧场门口端详演出表，思忖着要去看哪一场话剧。

没有了于是之，话剧《茶馆》重排。参演新版话剧的演员去医院看望他，濮存昕的妈妈冲着病床上的于是之大声说："我们都在聊你呢，想你啊！梁胖子、小昕、杨立新他们演《茶馆》呢，我们这两天都去看啦！你好好治疗，好了咱们一块儿看戏去！"

老人没有回答，他的手指轻微抽搐了一下，掉了眼泪。

也许不必亲临现场，演了一辈子戏的老人也能知道，那会是怎样的场景——舞台上的灯光一打，帷幕一拉，热闹又会回来。演出重新开始，茶馆还是那个茶馆，规矩还是那些规矩，连故事情节都不会变。又会有一个王利发顶着小毡帽提着茶壶跑出来，就像从前的于是之。

李斐然／文
2013 年 1 月 23 日

侯仁之（1911—2013）

他是第一个能说出北京城年龄的人，他是中国沙漠历史地理研究的开创者，他被誉为"中国申遗第一人"。他使北京西站的主楼东移了100多米，保留了莲花池。这位大学者年轻时还保持过多年的燕京大学5000米长跑纪录。

侯仁之
把102年的人生绘在地图上

距离102周岁生日还有一个多月，历史地理学家侯仁之院士结束了在这个世界的长途旅行。

这位徐霞客式的旅行家带走了一个时代——至此，中国历史地理学的"三驾马车"，侯仁之、谭其骧、史念海，都已魂归黄土。

只要再等两天，侯仁之就将见到他主编的全套《北京历史地图集》。这是他主持了30多年的一个项目，前两集在1980～1990年代出版，最后一集新近完成。他的学生、北京大学历史地理研究中心主任唐晓峰原定10月24日把全套带给老师，可22日下午，侯先生走了。

人们还把《中华人民共和国国家历史地图集》第一册带到了侯仁之的灵堂。据复旦大学历史地理学教授葛剑雄回忆，这部地图集编委会组建于30多年前，随着侯先生的离去，19位编委只余8位在世，第一册终于在上个月问世，或许还来不及告诉侯先生。

侯仁之把自己 102 年的人生都绘在这些地图上，他的旅行就在那如沧海桑田变幻的山川、河海、建筑之间发生。他早年在燕京大学历史系师从历史学家顾颉刚、洪业，后来跟随英国当代历史地理学奠基人之一的亨利·克利福德·达比教授攻读博士学位。那是历史地理学在国外诞生的年代。他 1949 年归国，成了中国现代历史地理学的开创人之一，扶持着它从"几门学科的边缘中发育成长起来"。

今日学界公认，侯仁之 1950 年发表的《〈中国沿革地理课程〉商榷》，1962 年发表《历史地理学刍议》，第一次在理论上阐明了现代历史地理学的学科性质与研究方法，指出传统沿革地理与现代历史地理学的区别，为中国历史地理学的建立与发展奠定了理论基础。

他还是沙漠历史地理研究的开创者。出于国家治沙的需要，1950 年代，他到宁夏河东沙区、毛乌素沙地、乌兰布和沙漠、河西走廊等地考察，"走出了安适的小书房"。

历史系出身的他早已发现自己"对故纸堆中的历史兴趣平平，但是对野外考察却极感兴趣"。他庆幸自己投身"读书加行路的一门学科"。

曾为徐霞客写过小传的侯仁之喜爱旅行。唐晓峰认为，这是侯先生胸臆之中"天然植下的爱好"，是他生活、学业路途中的"另一种驱动力"。

中国长城学会常务副会长董耀会记得侯先生对门下弟子的告诫：在书斋做学问也很重要，但现在不缺这样的学者，缺的是走出去的人。

四处游历的侯仁之对芜湖、邯郸、淄博、承德等名城都做过研究，令他"知之愈深，爱之弥坚"的，还是北京。

在他之前，没有人这样了解北京。他是第一个能说出北京城年龄的人——在 1990 年的一篇文章中，他宣布北京建城可上溯至 30 个世纪以前，1990 年是第 3035 年。他在英国写的博士论文，也是关于北京的。

大学时代，他只是受洪业教授的影响，对身处的校园产生了好奇。洪先生对燕大校内明代书法家米万钟的园林"勺园"作了考证，这引起了历史系学生侯仁之对地理考证的兴趣。

其后，侯仁之观察中关村、海淀，尝试以历史地理学家的眼光打量更广的世界。在天津生活时，他探讨过"天津聚落的起源"。因为读了《尼罗河传》，他年轻时一度打算写一部《黄河传》。

侯仁之教授（右二）率《北京历史地图集》编辑部考察团河行宫遗址

在学术之外，侯仁之进入大众视野多源于他"中国申遗第一人"的名号。1985年，侯仁之以全国政协委员身份起草提案，建议我国政府尽早参加《世界文化和自然遗产保护公约》，联合罗哲文、郑孝燮、阳含熙三位委员提交，引起了重视。

他是国内第一个关注这个公约的人。郑孝燮、罗哲文在侯仁之百岁诞辰时总结，此事得益于侯先生对祖国文化和自然遗产的热爱，那种历史地理学家独有的机敏和智慧。

出于对北京共同的钟爱，侯仁之曾与梁思成共事，为北京城的规划和保护尽力。北京的起源地莲花池，以及后门桥、卢沟桥等，都因他的呼吁得到保护。

1993年，庞大的北京西站即将修建，将成为北京新的"大门"。一个选址方案是在干涸多年的莲花池上，可减少拆迁，也便于施工。而侯仁之早就考证过，莲花池畔是北京城的起源地。

听说此事后，他以八旬高龄现场查勘、呼吁，最终使西站的主楼东移了100多米，莲花池保留下来。随后几年他又多次建议恢复莲花池的水源，当面向市领导演示自己绘制的地图。根据他的建议，北京市对莲花池和后门桥做了修缮，2000年12月21日举行了修复开园仪式。就在这之前的几天，侯仁之摔了一跤，但仍坐着轮椅到场。因为总在惦记莲花池之事，他甚至在看病取药时，随手在药盒背面写下自己的想法。

他将莲花池的大幅照片挂在自家的客厅里，这是他晚年的得意之作。

学医只能给个人看病，学历史可以给社会看病——这是侯仁之选择大学专业时，胞弟侯硕之给他的忠告。

然而，一轮轮旧城改造中，侯仁之所收藏的历史地图上的很多建筑逐一被抹去，他和梁思成呼吁保留的北京古城墙被拆。

而他只能倾尽所能，到历史地理中去寻找梁思成、林徽因夫妇描述的"时间上漫不可信的变迁"。

北京大学原常务副校长王义遒追忆，自己每次去拜访侯仁之，都会听他讲北京的什刹海、鼓楼、地安门，讲北京的水系如何保留，从很远的朝代讲起。在侯先生身上，王义遒感受到强烈的爱国情以及对后辈的提携之心。

评剧艺术家新凤霞对王义遒多次讲过，她从前不识字，侯仁之竟是她的启蒙老师。新中国成立后，这位大学教授鼓励她学文化，亲自教她认字，使她终生难忘。

北大教授邓辉还在读大学三年级时，斗胆将自己的一篇论文寄给侯仁之。两周之后，他就收到了侯先生的亲笔信以及赠书。另一位教授于希贤当年慕名到北大拜访侯仁之，扑了个空，就留下自己研究滇池与徐霞客的论文，写上住址。哪知第二天，侯先生就骑着自行车去找他。

四川师范大学教授李小波记得，初见侯先生，并不感觉紧张，因为他总是笑容可掬，无论与谁交谈，都欠身倾听。侯先生1944年在天津工商学院任教时给学生的赠言，激励了包括他在内的很多人。

侯仁之的赠言中说，一个身受高等教育的青年，尤不应以个人的丰衣美食而满足。"一个青年能在他30岁以前抓住他值得献身的事业，努力培养他的士节，这是他一生最大的幸福，国家和社会都要因此而蒙受他的利益。"

艺术家熊秉明赠过侯仁之一首诗："黑板映在孩子们的眼睛里 / 我在

孩子的眼睛里写字／写了又擦去／擦去了又写／写了又擦／擦了又写／有些字是擦不去的么／我在孩子们眼睛里写字。"

回顾"擦了又写"的人生之旅，侯仁之概括过两次"逆水行舟"的经历，一次是因抗日被日本宪兵队投到监狱，另一次是文化大革命中受到批斗。

季羡林生前曾回忆，文革时，他和周一良、侯仁之共同挨斗，三人的名字时常成串出现在北大鬼哭狼嚎的广播里，仿佛"三位一体"。

1966～1972 年，侯仁之一篇论文也没有写过。文革之后，他迎来一生写作的高峰。1976 年唐山大地震发生，为躲余震，他在院子里一棵大槐树下支起棚子，以水泥板为桌，伏案工作。妻子张玮瑛说，他的习惯是清晨三四点就把当天要做之事摘要记在小卡片上，卡片是剪开的信封或药盒。他的枕头下总有笔头和卡片。到中午时分，他有时会说上一句："我已经工作了 8 小时了。"他的状态近乎"全速奔跑"，旺盛的精力延续到近 90 岁。

侯仁之的邻居、语言学家王力曾对女儿王缉慈讲过一件小事。他们两人有次外出，王力的帽子被大风刮走，飞得很远，侯仁之飞快地跑去追了回来。对于这位长跑健将来说，这不在话下。

年轻时的侯仁之保持过多年的燕京大学 5000 米长跑纪录。当他 88 岁那年获颁美国地理学会的"乔治·戴维森奖章"，他答谢时称，这样高的殊荣颁给自己，感到受之有愧。如果再年轻一点，他会跑掉，因为他曾是长跑冠军，但如今年老跑不动了，只能接受。

他给同事展示过自己文革时下放江西鲤鱼洲时用过的扁担，讲述如何用它挑起 100 多块砖走几十里路。82 岁那年，他还带师生去内蒙古赤峰市考察，由于大雨冲垮路基，他们坐火车中途返回。那是他此生最后一次野外考察。

他引以为傲的健将体魄终于衰老。侯仁之渐由长跑改为散步，直至 95 岁坐入轮椅。但他最后的站姿让人很难忘怀：在走路十分困难时，他仍挪着碎步把客人送到门外，几只猫簇拥着他，蹭他的腿。

他在静寂的燕南园 61 号住了半个多世纪，收留了不少流浪猫。人们猜测，"据说燕南园里所有的猫都到他家院子蹭过饭"。有客人来访，这些猫就前呼后拥迎上前来。告别时，这些猫又陪他送客。

晚年，侯仁之的视线又回到他自谦的学术生涯"微不足道的起点"。这是他终生所爱，他写过《未名湖溯源》，写过《燕园史话》，写过《我从燕京大学来》，连"未名湖"三个大字也是他题写的。家人推他在未名湖畔散步，会让他尽可能接近水面。

葛剑雄最后一次谒见侯先生时，听到老人说，看不到燕京大学的恢复，司徒雷登老校长的骨灰不能在未名湖畔安放，是他生平憾事。

在女儿侯馥兴记忆中，父亲留英回来时，打开一只黑箱子，拿掉衣物，露出的是两个硕大的地球仪，占了大半个箱子。他还带回一辆墨绿色的"三枪"牌自行车。它在漫长岁月里陪伴着侯仁之对北京城的探索。

如今，地球仪和车轮都已停转，侯仁之也停止了旅行，但他谢绝告别。尊重他的意愿，没有举行遗体告别仪式，只是设立灵堂，开放三日，供人吊唁。在他的灵堂里，没有哀乐，只有他平生喜爱的《燕京大学校歌》和《田园交响曲》。

张国 / 文

2013 年 10 月 30 日

潘际銮（1927—）

　　他是中国焊接科学的奠基者。

　　他是年迈的院士，但有人说他"还年轻"；他仍站在学术前沿，却感叹自己过时了；他的记忆总是"焊接"在西南联大上；他仍不想退休，但反对院士享受"特殊待遇"。这个名字对很多人来说都是非常陌生的，但是，乘坐着高铁，奔驰在铁轨上时，我们就在和这位焊接老院士产生着微妙的关联。

潘际銮
不愿被异化的老派院士

　　潘际銮院士 86 岁时，仍然把"退休"看作是一件很遥远的事情。

　　北京初冬的一个早晨，戴着蓝色棒球帽的潘老先生，裹着灰色呢子大衣，蹬起一辆半旧的电动自行车，"呼呼"地穿行在清华大学校园里。

　　车轮子不时滚过枯黄的落叶，一路把他从北边的宿舍楼，带到机械工程系的焊接馆。这座三层老建筑物的楼龄比这位院士要小 28 岁，建于 1955 年。那时，潘际銮在这里筹建清华大学焊接专业。

　　在这座老焊接馆，"潘际銮"三个字高挂在门厅的墙壁上，居于一堆名字里最顶头的位置。不过，对很多普通公众说，这是个难读的名字，尤其很陌生。

　　与潘际銮相关的很多成就，已经被写进教科书。比如，中学生在地理课本里读到的秦山核电站，他是这项工程的焊接顾问。

很多人不知道，当他们乘坐着高铁，奔驰在铁轨上时，已和那位在焊接馆摸钢板的老院士，产生了微妙的关联。潘老先生曾在一年中最寒冷的时候，穿着厚棉袄，站在南京段的铁轨边上，在深夜里测定钢轨的焊接工艺。这年，潘院士已经年过 80 岁了。

不过，对这位"身陷"焊接领域 50 多年的专家而言，年龄不是衡量他是否已经"老"了的唯一指标。

比他小好几轮的同事郑军说，"潘老师还很年轻呢"。这位老院士像年轻人一样，玩微信、看微博，家中电脑 QQ "噔噔"上线的声音不时响起。

尽管已过耄耋之年，他可以不借助眼镜，轻松地翻查手机号码。他自由穿梭在铁块拼接起来的焊接机器人和墙角的缝隙间，俯下身随手拣起一块成年人才搬得动的钢板。当然，他还能清晰地说出某个发动机焊接转子的转速、直径以及气压值。

这位中国焊接科学的奠基者，摊开双手，自信地说："我现在研究的课题，是焊接领域的前沿，比如'高超超临界'，仍是没有解决的世界难题。"

尽管潘际銮丝毫不认为自己的研究"过时"了，但是他用坦然的语气说："我是一个老派的过时的科学家。"

如同许多上了岁数的老人家，潘际銮喜欢回忆往事。他时常和年轻的同事吃饭时，一边夹着菜，一边念叨起他的西南联大。

毕业 50 多年的老校友潘际銮，如今是西南联大北京校友会的会长。他说，自己之所以被选为会长，是因为"还很年轻"。这个中国著名校友会成员的平均年龄，已经超过 90 岁。

如今，年纪越往上攀登，潘际銮的记忆，就越爱寻找属于西南联大的"焊接点"。

2012 年 11 月 3 日，在"西南联大建校 75 周年纪念大会"上，潘际銮和一百多位老校友，聚在一起。他们有的被家属扶着，还有的已经"糊里糊涂了"。

当时，他们中的很多人双手抚着桌沿，颤颤巍巍地站着，齐声唱着西南联大的校歌。他们唱到"多难殷忧新国运，动心忍性希前哲。待驱除仇寇复神京，还燕碣"时，潘际銮的心里"激动不已"。他环顾四周，看到眼泪顺着很多张布满沟壑的脸，往下淌着。

潘际銮说，他这么大岁数，还想"干活"，是因为自己"终身陷在这个事业里了"，仍然"可以为国家做贡献"。

"爱国"从这位老科学家的口里说出来，在他的很多学生和同事的耳朵里听着，"一点儿都不空洞"。

20多岁时，在炮火声中从老家九江逃难到昆明的潘际銮，"知道国家要亡了的滋味"。

此刻，正当潘际銮坐在老旧的焊接馆里，"焊接"着往日的艰难岁月时，窗外晃动着很多年轻的身影。这一天，是2014年公务员"国考"日。

每一代青年人，都面临着人生选择。当年潘际銮主动报考焊接专业时，这门学科还很冷清。当时还有人笑话他：学焊接？学焊洋铁壶、修自行车干吗？

显然，当潘际銮决定学焊接时，并不能预见是否有光明的个人前途。不过，他认为，"这门发展中的技术会为新中国的建设发挥重要作用"。

这个西南联大44级校友说，"那时候读书，纯粹求学问，不想功名和前途。"

在他看来，1980年当选为中国科学院学部委员（院士），是件"后知后觉"的事情。他回忆，当时"填了一张表"，简单地写下完成的工程成果，而且"当时也没发几篇论文"。后来，他被告知，"评上院士了"。

"我所获得的荣誉，都不是我追求的结果。"潘际銮说。

不少接触过潘际銮的人一致评价他，"对名和利，不敏感"。

潘院士步入晚年以后，能让他惦念的事情，已经不多。1992年，他开始了南昌大学校长的试验。10年间，他一直试图把西南联大的办校理念和方式，"焊接"到南昌大学上去。

很多人眼里性格随和的潘校长，显现出改革者"铁腕"一面。

他在南昌大学推行本科教育改革，实行"学分制""淘汰制"和"滚动竞争制"。

初入南昌大学，潘际銮晚上在校园里外散步时，经常看到学生在跳交谊舞和打桌球。这些场景显然与他记忆中的大学生活，并不相符合。

他总是回忆起，当年宿舍太拥挤，学生就去学校附近的茶馆看书和写论文。经常说起的例子是，西南联大中文系的汪曾祺，在"昆明的茶馆里泡出来"小说。

潘际銮要扭转南昌大学的学风。"三制"的焊接轨迹，带有明显的西南联大特征。他并不讳言，自己大一时也曾物理考试不及格，而西南联大"8000 多学生，真正毕业的只有 3000 多人"。

作为南昌大学的校长，潘际銮"抓教学和科研"，但他并不直接掌管学校的财务和人事。

"他是个放权的校长。"潘际銮在南昌大学的一位同事说。

显然，这位老校长很了解，"管钱和管人，哪怕只是管分房子，都是很大的权力。"但是，他不亲近这些权力。

潘际銮用西南联大式的方法，重新拼接南昌大学。最明显的成果是，昔日薄弱的院校，在他任上的第五年，成为一所国家"211"重点大学。

不过，潘际銮的一些学生和下属却说，他们并没有跟着校长"沾光"，也没有得到"实惠"。

说起自己的导师，在南昌大学任教的张华，有"苦水"要倒。身为校长的学生，张华没有"获得更多资源"。相反，潘际銮跟他说："你就默默无闻地干，自己去争取课题，别指望在学校拿钱。"

而曾经给潘际銮做了 6 年秘书的徐丽萍，在潘上任时是正科级，一直到他卸任，直至自己离校，职级都没有改变。

当时，作为校长秘书，徐丽萍都不敢印名片，"那么大年纪，还是科长，实在不好意思啊"。

而潘际銮本人，对名片上的头衔，并不在意。2002 年，他从南昌大学校长的职位上卸任，回到清华园的焊接馆。

"校长不是我的终身事业。科研，才是我一辈子扑在上面的事。"潘际銮说。

潘际銮和老伴儿在清华校园中

从 75 岁开始，他的身份是个"无官一身轻"的焊接专家。当然，他还是院士。但他认为，院士于他而言，只是一种荣誉，不是权力。

他没有行政头衔，也没有秘书。他带着一个平均年龄 60 岁的团队，在墙皮有些脱落的焊接馆里，研究世界上焊接领域的前沿问题。

时下，这位手机屏幕里会跳出微博新闻的老院士，知道人们正在讨论院士制度。

潘院士并不否认，"有个别单位在'包装'院士"。他也不讳言，"个别院士成为给单位装点门面的花瓶。这是院士被'异化'的现象"。

这个中国最著名的焊接专家，把围绕院士以及科研界存在的问题，比作钢板上的"裂纹"。不过，早期就以"热裂纹"为研究方向的潘际銮，攻克过无数个技术难题，但很难说清这些暴露在社会肌体上的"裂纹"，"究竟该怎么解决"。

如果深入探究那道"裂纹"，潘际銮认为，人们之所以担忧院士的退休问题，是不喜欢院士们成为"学术资源的垄断者"，或者享受"特殊待遇"。

现在，潘际銮仍在焊接馆的一间光线不好的屋子里办公。资料堆到墙边，以至于部分书被挤到窗台上。他的褐色办公桌和矮茶几，已经部分掉漆，裸出木头的原色。

而他在南昌大学当校长时，办公场景比这一幕还要"寒碜"。他挤在办公楼西南角那间 12 平方米的屋里，秘书徐丽萍只能在过道上用玻璃隔出一间办公室。

有人劝他："潘校长，外国学者也要拜访您呢，换间大的办公室吧。"

但潘际銮坚决不换，还说"西南联大那会儿，比这条件差好多呢"。

至今，他唯一享有过的"配车"，是在当校长的时候。那是一辆留学生捐赠给学校的老旧尼桑车。他的司机总忍不住抱怨："校长，换辆新车吧。"

那辆汽车终于没被换掉，"最后都快报废了"。潘院士的电动自行车倒是换了一辆。他80岁生日时，学生送给他这辆眼下正骑着的银灰色"坐骑"，代替之前那辆电池笨重而且总是坏掉的"老古董"。

提起院士是否应该像老电动车一样"退休"，性情温和的潘际銮会有些激动。他反对"用行政化的方式来处理高级知识分子人才问题"。

"院士是否退休，不能搞一刀切。个人情况不一样。"潘院士打比方，"这就像找专家挂号，有人找我帮他们解决难题。要是我没用了，也不会有人来找我了"。

如果没有"老糊涂"，潘院士就想骑着他的电动自行车，"呼呼"地穿梭在清华园的一年四季里。

陈璇 / 文

2013 年 11 月 27 日

罗哲文（1924—2012）

直到 86 岁，他仍有三分之一的时间在全国各地东奔西跑。他要看蜀道，看运河，看徽派民居，为保护这些古建文物，发出自己最后的声音。他说，中国留下来的古建文物太少了，再不保护，就没机会了——

罗哲文
一生奔波在保护"古建"的征途上

2012 年 5 月 20 日早上，北京八宝山革命公墓礼堂前，人们轻声谈论着一位 88 岁老人的离世。

为了保护古建筑，这个老人奔波了 70 多年。这一刻，他终于停歇下来了。

就在 2011 年秋天，他还只身从北京飞往四川，参加蜀道"申遗"的考察之旅。患有前列腺疾病的他往身上挂了一部相机，一个背包和一个尿袋，坚持不用旁人搀扶，在蜀道上走了 200 多米。

2010 年夏天，他还坐飞机到了"申遗"的京杭大运河。

他的名字叫罗哲文，在中国的文物界如雷贯耳，人们尊称他为"罗公"、古代建筑的"守护神"。为了送他最后一程，1000 多人从全国各地匆匆赶来，告别仪式的礼堂前排起了 200 多米的长队。

来送别的人们大多曾与罗哲文在文物单位共事，但没有哪一个人说得清，罗哲文在哪年正式退休。"他根本就没退休。"一位头发银白的长者一摆手说，"打电话去他家老找不着人。"

罗公的家里也看不出一点儿晚年的清闲安逸。房子不到70平方米，是老式的楼房结构，一进门，一条狭长的过道通往各屋。高大的木书橱占据了过道两侧，只容得下一人通过，就连房间与客厅里也尽是书籍、文件。客人来了，罗哲文就让人们"自己找地方坐"。

直到86岁高龄，这个老人还有三分之一的时间"在天上飞来飞去"，更早些年，他一年在外地的时间甚至达到200多天。

哪儿发现了新文物，又或古建受损了，电话一打来，他拎包就走。四川大地震刚发生，他就忍不住要跑到抗震一线。那一年，他84岁。尽管当地文物局的领导再三劝他不要去余震频生的灾区，但一个月后，罗哲文还是赶到了都江堰，踏上从废墟中刚刚清理出来的一条小道。

瘦小的老人穿一身中山装，外加一件多口袋的摄影背心，肩上挎一个早已褪色的仿皮革黑包，胸前再挂一部相机。从年轻时起，他就带着这身行当，走访各地文物。每看到一处古代建筑，他就"强迫症地"一定要拍下来。

这些来自全国各地的照片如今一叠叠存放在他家书橱里，许多已泛黄变色。生前，他曾经用秀气的钢笔字在白色纸条上写上"古塔""坛庙""民居"等以作分类。

多次登门拜访罗哲文的画家方砚记得，老人总说"人对待文物，应该像对待自己家中的好东西一样，千万破坏不得"。即使不幸损坏了，修复时也要"修旧如旧"。

在都江堰，罗哲文就不断叮嘱四川省文物局副局长朱小南"一定要按原样修"。"一片瓦，一块砖也不能丢，尽量用上原来的材料。"

这些对待古物的理念很早便在罗哲文心中生根发芽。他是四川宜宾人，16岁时高中毕业，一举考入中国营造学社。学社聚拢了梁思成、林徽因、刘敦桢等大批建筑人才。

小徒弟罗哲文穿一身长衫，成天跟随老师梁思成在云南、四川

一带做田野调查。穿着西装的梁思成常要爬到高处,查看房顶,丈量尺寸。就连身着旗袍的林徽因也常常爬梯子,做实地测绘。

古代建筑通常没留下任何图纸,要保护便得先细细勘察,亲手画图,研究病害在哪儿,如何用原料修复。数十年后,罗哲文依旧喜欢给晚辈讲讲他"从梁思成那里学来的这一套"。

朱小南便常听老人回忆起梁思成教他"蹲工地"的故事。"他说学古建筑的人啊,一定要蹲得下来,跟工匠吃住在一块,还要喝点小酒抽点烟,不然没法跟老工匠混熟。"朱小南说。

罗哲文一生收获名誉无数。新中国成立后,他在国家文物单位历任要职。他修复长城,亲手把长城送进了世界文化遗产名录,被誉为"万里长城第一人"。退休后他依然头衔不减,担任国家文物局古建筑专家组组长,政府部门的专家顾问,多个学会的名誉会长。

尽管他跟助手强调,介绍他时不要提那些光鲜的头衔,只说"文物古建专家"便是,可各种各样的会议、论坛依然奔着他的身份头衔,找上门来。就连房地产商也邀请他出席活动。

"全国各地这么多省,都知道罗哲文,遇到什么有关文物的事,都请他去出主意。"罗哲文弟子马炳坚说。即使待在北京,这个老人

第四篇 专业操守极简至美

171

还会一早上赶两个会，家里的电话一天到晚响个不停。

但并非所有活动都真的请他出主意。"一半尊重他的意见，另一半只是听听，该怎么修还怎么修。"齐欣说，罗哲文最希望"不要弄花里胡哨的东西"，但会议过后，常发现"结果不是他当时提的意见"。

"我被当幌子了。"罗哲文这样感叹。

在与罗哲文相识数十年的老友朱炳仁看来，这位被奉为古建界鼻祖的老人"心里很痛苦"。2005年，罗哲文、朱炳仁与郑孝燮三位老专家联名发表公开信，力推京杭大运河的"申遗"工作，但"申遗"还没成功，运河两岸已经建起了不少"假古建"。

"这些他都知道，有些他甚至参加过认证会。"朱炳仁说，一些地方政府急功近利，动不动搞"落架大修"，最终"把文物修成了不是文物"。

"罗老最痛恨真的拆了，假的建起来了。"朱炳仁说。

但罗哲文还是要去开会，要去说。他担心"不去的话更胡修"。住院之前，他还曾经一天赶了3个场子。

他的人生围绕着古建一路运转，似乎怎么也停不下来。2011年6月，他的前列腺疾病已相当严重，仍坚持去山东济宁参加中国文化遗产日的大会，一路舟车劳顿。等回到北京，家人发现他已长时间无法小便，肚子鼓得亮堂堂。

可在京休养了一段时间，感觉稍微好点儿了，罗哲文"还要跑出去"。"他好像根本没想过自己会趴下。"马炳坚说。每回身边人问起他的身体情况，老人总憨憨地笑："我身体好，从来不得病，不上医院。"

"我还能再干5年！"2012年春节前后，他对旁人反复说起这句话。

在中国的文物圈里，这个老人的愿望并不罕见。这是一个几近断层，后继乏力的领域。当年营造学社的学员，如今只剩罗哲文一人。朱小南粗略估计，中国从事古代建筑保护工作的人目前大约仅一两千人。圈内人因而有了一句半开玩笑的顺口溜："60小弟弟，70正当年，80加油站，90写写书。"

耄耋之年，罗哲文依然不断"加油"。几年前，朱炳仁曾与罗哲文一同赴日本考察，发现日本人为了修复古代的木结构建筑，竟特意请专家"做实验"，看看怎样才能更好地固化腐朽的木头。

朱炳仁至今记得，自己的老朋友就像个小学生一样，逐一拿起现场展示的木头，一块块掂量，比较重量，还不断找翻译传递自己的疑问。

更多的时候，罗哲文扮演了老师梁思成当年的角色。他招收徒弟，希望让门下的年轻人推动自己放不下的事业。齐欣说他已经数不清老人在不同的场合到底收了多少徒弟。两年前，齐欣也正式拜师学艺，每一回见到这徒弟，罗哲文总要忧心忡忡地交代许多事情。

"好好好，这事就交给你去办了。"末了老人总这样说。

朱小南也时常听老人聊起他对现状的不满。他不喜欢"文化搭台，经济唱戏"的说法，也反感各地都搞"名城改造"，认为名城应该被"抢救和保护"。"他不提具体哪个地方，只说如果以后你们工作上遇到这些，一定要想办法治一治。"朱小南说。

他还不厌其烦地给晚辈讲述梁思成对他的一份嘱托。"把古代建筑一代一代传下去，才能上对得起祖先，下对得起子孙。"老人总这样说。

在许多人看来，罗哲文后来成了一个符号与象征，"只要他一出现，人们就想起要保护文物"。

但也有人质疑，晚年的罗哲文更像一个"老好人"，对别人所求之事，他几乎从不拒绝。社会各界都邀请他给古代建筑、书籍画册题匾题字，他"有求必应"，就连房地产商也不会拒之门外。

"罗老是个中庸主义者，他不说狠话，总是说还有希望，还有希望。"齐欣说。

2009年的时候，方砚拿着自己所画的老北京城，战战兢兢地请罗哲文为画册题字写序，没想到老人一口答应，不久后就交给对方满满两页宣纸，上面是用毛笔字所写之序。

齐欣说题字是罗哲文与同道中人"互相励志"的方式，但求字的人越来越多，老人也顾不上仔细琢磨。"他也没想好写什么，对方说写'文化遗产好',他就写'文化遗产好'。"齐欣说。

留在家里的大部分时间,罗哲文都花在了写字上。他的书桌上面堆满书籍杂物,每次写字前要先清理一番。书房有些局促,写好的字没固定位置安放,老人便将之一一卷好,塞进各个角落。直到后来病重住院,他还惦记着自己"欠债太多","许多作业没有完成"。

很少有人想到,这个和善的老人心底有着怎样沉重的忧虑。晚年时,他最常回忆的一段往事是他与梁思成一同拯救北京城墙。

"拆城墙就像扒我的皮,抽我的血。"城墙最终被拆,梁思成失声痛哭。时隔数十年,罗哲文还常向旁人回忆起这些。

"我们现在留下来的东西太少了,再不保护就没机会,没时间了。"朱小南曾听罗哲文这样说。

2011年10月,罗哲文再一次带病赴安徽泾县,为当地的徽派民居村落设计保护方案。察看完当地村落之后,罗哲文一头扎进附近公园的洗手间,再也没能走出来。

这是这位老人最后一趟出远门。

陈倩儿 / 文
2012 年 5 月 23 日

胡佩兰（1916—2014）

她可能是中国最老的出诊大夫，97岁坚持出诊，还经常起身给病人做检查。她不收红包、不开大处方，从不担心医患纠纷。"抠门儿"的她舍不得浪费一个馍，却给病人垫药费，捐7万元给贫困小学建书屋。有人说她守旧、过气，有人说她身上有"医道"。

胡佩兰
固守医道的老式大夫

当她坐在旧式的木头长椅上，下午的阳光照进来，她就开始昏昏欲睡。

可是，只要她一穿上白大褂，就会立刻显得精神焕发。

她连自己大儿子、国内著名的心血管专家胡大一的电话号码都不记得了，但是她总会念叨着打电话嘱咐病人来复诊。

在家里，她是一个"抠门儿"的老太太，舍不得浪费一个馍，多买一棵菜。不过，她会大方地给人垫医药费，捐钱给贫困小学建书屋。

胡大一在微博里称，母亲可能是中国最老的出诊医生了。胡佩兰已经97岁，在郑州市一家社区医院，做妇科大夫。

"多活一天，就干一天。只要还能看病，我就要上班。"对这位老医生来说，工作是她保持长寿的秘诀之一。

虽然出门只能坐着轮椅，但这个高龄的老太太每天都要"捍卫"她的权利：工作。她的头发全白，还有些稀疏，脖子上的皮肤已经松弛。她的轮椅也换了两把，但是车轮仍然"吱吱"前进。

她说，她的脑子里只有一个念头：她的病人在等她。

确实，在这间不到15平方米的诊室里，几乎每个出诊日的上午，病人都会把这里挤得只剩下一条过道。木凳和病床上坐一排人，墙边站着三四个。她们中间的一部分，可能来自几百公里外的另一个城市或者农村。

胡佩兰的生活几乎就是工作，她的爱好也是工作。"上班"对这位年迈的老大夫来说，是一件光荣甚至带着仪式感的大事。

她必须每天8点半准时出现在医院，这是任何人都不能破坏的"铁律"。只要她坐着轮椅出了家门，看见那辆专程来接她的旧面包车，她这一天就能收获好心情。

岁月终究是不饶人的。要搭上这辆去医院的车，对于这位老人来说，并非易事。她缓慢地从轮椅上起身，一只手抓住汽车座椅后背，另一只手摁住挡风玻璃下的仪表盘。这是一双老得像枯枝的手，青筋凸起，上面还布满褐色的斑点。她拒绝身边人的搀扶，好似用尽全身力气蹬上了齐小腿高的汽车门阶，弓着背，身子往前倾，屁股才终于挨到了座位。

不过，当她穿上干净的白大褂，她不会承认自己已经老了。她的病人们，也不承认这一点。

等这位老大夫一开始坐诊，她就无法闲下来。一个接一个的病人，推门而入，围在她身边。她用略带沙哑的嗓音，大声地问："你哪儿不舒服啊？"

病人趴在她耳边回答。唯一遗憾的是，近几年老大夫的听力在下降，耳朵有些背。她侧着身子，努力地倾听着，实在听不清，就找她的学生帮她"翻译"一下。她的鼻梁上架着眼镜，戴着橡皮手套的手在病历本上一笔一画地写着字，没有一丝颤抖。在10年前，她还可以做剖腹产手术。

她要为病人做检查。她双手摁住办公桌，慢慢地站起来，再借着这股力，将身子扭转 45 度。但是，她的腿卡在椅子和墙壁的缝隙之间，停留好几秒，才拔出来。她扶着椅背，向距她一臂远的检查室走去，准确地说，应该是双脚在地面上蹭着，就像要最大限度地寻找摩擦力，才能维持身体的平衡。同样，她不习惯别人搀扶。

她年轻的时候，从办公桌走到检查室，只不过往前迈半步而已。

她是新中国成立后第一批上岗的医生。时至今日，她自豪地说自己是新中国首批全国"劳模"。当她回忆起参加 1951 年国庆大阅兵的往事时，一改她平日坐诊时的平静，脸上流露着满足感。

她在昔日的郑州铁路中心医院工作到退休，不过她只说是被人"接班"。这一年是 1986 年，她已经 70 岁了。家人和学生都以为，她终于要歇歇了。但是，她创办了"胡佩兰妇科专科医院"——郑州最早的一批民营医院。直到一个雪夜她在走下医院台阶时，摔断了三根肋骨，才被迫休息了几个月。

医院在不停地拆拆建建，名字都跟着换了。她的病人也变了，过去她们都是一身单调"灰衣灰裤"，现在每个人穿着连她都说不上款式的时装。但她的病人却觉得，除了岁数在增长，多了一把轮椅，胡大夫没有改变。

她的不少病人是一家几代人，或者同一个村子里的村民。胡大夫换医院了，很多病人打听出来新地址，再去找她看病，一直到眼下的这家社区医院。她的病人说，"胡大夫走到哪儿，就跟到哪儿，全家妇女都找她看病"。

在病人看来，这位医生值得信赖的地方是，"医术好，看病仔细，而且从不乱开药"。

"没这毛病，为啥还要检查？"面对一位心急的病人，97 岁的老大夫拿出医生的威严，劝说对方不要花冤枉钱"乱检查"。

她用几句大白话总结了自己一直以来信奉的准则："我用药，一是看疗效，二是要便宜，尽量不开进口药。"

几天前，一个中年妇女挎着一篮鸡蛋，牵着她刚满两岁的孙子，来感谢胡佩兰，"几百块就把病看好了"。

胡佩兰也是这么教自己的学生的。她的学生唐利平在日记里写道:"老师一直跟我们强调,不要给病人过度的用药和治疗。"

在很多人眼里,这个老太太"过时"了。

有人问:"你这么大年纪了,为啥还要工作?"她几乎不用多想,用有时代感的语言回答:"为人民服务啊。"

说起很久以前那个年代人们的工作热情,她的眼里放着光:"知识分子和工人一样,每天早上先去修路,再去上班。那时候,白天黑夜地工作,没人说加班费。"

她还会念叨着:"以前医生以病人为主。"

她固执地守着一些老旧的东西。她还是喜欢用黄色封皮的老式病历本。她的办公桌掉了一大块漆,椅背上也是斑斑驳驳,但是,几次诊室搬家,她都不准别人丢掉它们。她有一个用了20多年的老式手电筒,手柄生锈了,电池接触也不好,但是谁说要扔了,她就会生气。

胡佩兰的年纪确实大了,有时候也会犯迷糊。她弄不清楚,为何这些天有那么多记者来采访她,就私底下问学生:"搞啥咧,这又是在搞运动?"

她的床头柜上蒙着灰尘,棉袄上还沾着油渍。衣柜里贴着的标签,告诉她不同季节的衣服放在哪个包裹里。家里人的电话号码,

百岁高龄仍出诊

她都记不住。不过，她却能一下子叫出不少病人的名字。她一再嘱咐学生给病人打电话："咋还不来看病咧，情况咋样了？不要嫌我啰嗦。"

她的病人也记得她。一位病人患了脑瘫，记忆力衰退，多年后却在一次翻报纸时，看到胡佩兰的照片，高兴地嚷嚷："你看这不是胡大夫嘛！胡大夫今年多大了？"

除了工作这个最大的嗜好，她仅剩不多的兴趣就是读书和看报。如同她每天转个不停的轮椅车轮，她也在"与时俱进"着。从这个高龄的老太太口里，也会蹦出"野鸡大学""光盘行动"这些词语。有一天下班，她特意要司机送她到医院礼堂，说是"要学习十八大精神"。

事实上，她并非只生活在轮椅车辙能到的世界里，她并不糊涂。她说起了在报纸上看到的新闻报道，"一个病人杀死了医生"。她花了好几分钟，从头到尾地讲完这个故事。

"病人的儿子觉得是没有给医生红包，医生不给好好治。其实，他爹都是晚期了。"这个老大夫，始终觉得"红包"无法和医院联系在一起，"以药养医也不是个事儿"。

她说自己70年没收过红包、没被病人"医闹"过，她从来不担心自己的诊室会有危险。她说："没有妨碍，以人心换人心。"

她的学生说，"老师就是守着医生的这片净土"。

她的第二把轮椅也旧了，坐垫的边缘磨得发黑，脚镫生锈了。而她的老习惯就像那个车辘辘，固执、坚硬。

她身上穿的红棉袄已经十几年了，儿子给她买的新衣服一直挂在柜子里，"从不拿出来穿"。她的饮食很单调，"基本就是馍和面汤"，而且馍一定要自家做，因为"一块钱街上买4个，在家能做6个"。馍发酸了，她也不会扔，留着下一顿再吃。

但是，这些年，她先后捐了7万块钱，援建了30所"希望书屋"。她打算，等自己百岁的时候，"再捐3万块钱"。

眼看她岁数越来越大，行动不便，她的四个儿子都说，"老娘别去上班了"。但天大的事情都不能阻碍她的轮椅向医院行进。

有一次大雪天，积雪没过膝盖，她还是要去上班。她的学生和保姆，三个人在雪地里推着轮椅，"一个人在她背后推，两个人拉着车轱辘"，走上了快车道。一辆辆汽车从他们身边经过，车轮上绑着防滑链。一位开车人看到这一幕，直摇头："这子女真不孝顺，这么冷的天，不要老人在家暖和，还要在大街上走。"这让学生唐利平的脸"羞得发烫"。

有一次，大儿子胡大一从北京回来接她回家。她很高兴，终于决定对自己放松一点要求，早点回家。她还给院长打了一个电话，说是要请假。不过，她仍然在看完了最后一个病人之后，才坐上轮椅回家。

真要等她结束了一天的工作，脱下白大褂，她的心情就开始失落。在家休息的时候，她时常没精打采，"老犯困"。有时，她会无所事事地转动轮椅在屋子里来回走几圈。如果轮椅可以一直这么转动，她还是希望它载着自己走在上班的那条路上。

2013年4月的一个下午，面包车把她送到家门口。下车的时候，老太太扭过头，问司机："明天你还会来接我上班吗？"在听到肯定的回答后，她转过身，轻松地打开了车门。

陈璇 / 文

2013 年 4 月 17 日

杜道生（1912—2013）

百年变迁没有在他身上留下多少印记，他一直活在《论语》《庄子》等古籍营构的时代里。他拒绝电视、电话、冰箱甚至味精和洗衣粉。作为教授，他师法"述而不作"。即使退休之后，有人拜他为师，也要模仿古人，奉上几束咸肉——

杜道生
活在孔子时代的现代老叟

2013年9月8日晚上，101岁的杜道生终于摆脱了插在鼻腔里的氧气管、指头上的监护设备、手背上的输液针管，拒绝了重症监护室的血液净化机。

这是他最后一次接触现代化设备。

当夜，这位被称为"活字典"的古文字学家走了，终于"回"到了他更熟悉的古代。

住在钢筋混凝土筑的五层楼房中，杜道生的屋里，还是嗅不出一点现代气息。他家里没有冰箱，从来不主动看电视。一次学生到访，惊奇地发现他在凉水里放着一盅米饭，以此保存食物。虽然2008年装了电话，但他从来没有接过，"因为觉得跟自己没关系"。

直到去世，杜道生睡的还是60年前的一张高低床，木头的床体连一层油漆都未刷。床下放的搪瓷脸盆，是他母亲留下的。放在床

第四篇 专业操守极简至美

头的书，许多是民国年间出版的。他读书的方式也和今人不同——每天上午用毛笔抄书，笔下写的，永远是繁体字。

7岁进私塾，1937年就从北京大学毕业，这个做了70多年古文字和语言学研究的人，一辈子被印成铅字的文字寥寥无几。一本《论语新注新译》和一篇发表在报纸上的文章是最常被人提及的。那本书还是他的学生对照着毛笔手稿校对后出版的。

他去世的消息带来了两种不同的反应：在家乡四川，他满脸皱纹的照片登上了不少报纸的头版，名字前面还被加上了"国学大师""汉字守护者"等定语。而在省外的大部分地方，这个消息少有人知晓。

"老师著书不多，是师法孔子的'述而不作'。"他的学生说。

"不能背下来的书不是自己的。"杜道生告诫学生。他教给学生的"学问三部曲"中，第一步就是"读诵抄"，然后，经过"笺注释"，才该真正"做学问"。

他能随口背诵出《四书》《文心雕龙》《说文解字》和清代学者段玉裁写的长达四十万字的注解。

作为曾经的学生，四川师范大学文学院周及徐记得在向杜道生请教问题时，他总是先说出某个字在第几卷、属于何部的第几个，然后要周及徐从书架上抽取《说文解字》翻看。"我和书中的内容相对，毫发不爽。"

给学生讲课时，杜道生随身带着《说文解字》，但"几乎不会去看"。课堂上发给学生的讲义，都是杜道生用毛笔写好然后复印的。

这像极了故事里民国教授才有的上课习惯。实际上，杜道生的老师中，不乏民国时期的大学者。在北京大学，历史学家钱穆的课他听了三四遍，甚至为了抢位子谎称自己是不及格来重修的。北大另一位著名教授沈兼士，指导他研究古文字。

说到文字研究，字形、音韵、训诂，他基本上都有精神钻研。周及徐评价说，"能这样打通几个方面的学者并不多见"。

自从青年时期开始接触古文字以后，杜道生关心的内容就再没有变过。无书可读的"文化大革命"时期，他随身带着一本《新华字典》反复读，并为这部权威字典挑出了 170 多处错误。

在改变杜道生的研究兴趣上，时间败下阵来。生活也如此。

从 1956 年调入刚刚成立的四川师范学院（今四川师范大学）起，杜道生就住在文学院二层的办公楼里。后来，文学院搬了新址，学校给老人分了一套新住房，但杜道生不愿搬走，因为"不习惯"。在这个两间办公室拼凑成的小屋里，他闭着眼都能摸到路。

为此，他不得不忍受的是，每天要到一楼上厕所和接水，学校特别批准使用的电炉是唯一能加热饭菜的工具。直到 2008 年，趁他生病住院，学生才偷偷把他的家搬到如今的小区。

有人说这是一个生活清苦的学者，可长孙女张炜并不这么看。"我们家在 70 年代的时候比其他家庭过得还要稍好一点。只是到后来爷爷的生活方式一直停留在那个年代，没有变化过。"

他的日常生活也简单而随意。他拒绝点心外面精美的包装、一次性餐具、复杂的防腐剂、味精、洗衣粉……在他看来，衣服只用水淘一下就行了。用过的饭碗，用开水涮一涮，等水凉了一口喝下去。这些怪诞的行为，他的学生的理解是，老师在模仿古人，过着一种自然的生活。

遇到不适，他总是从自己熟读的医书上找各种"偏方"调理。在 93 岁以前，几次被评为"健康老人"的杜道生最骄傲的，就是"一生只住过一次院"。从 60 岁开始牙齿就松动了，却不装假牙，吃饭的时候完全靠牙床的力量把食物碾碎。每一颗掉落的牙齿，他都会用纸包好，记上掉落的日期，然后收藏起来。

孙女和熟悉他的学生知道，读了一辈子古书的杜道生停留不前的真正原因，不是他做老师的 20 世纪 70 年代，也不是他做学生的 30 年代，而是更古老的、记录在《论语》《庄子》等古籍中的时代。

这个出生在辛亥革命爆发后一年的老人，不能接受鳞次栉比的现代化高楼。

"这下面可都是肥得流油的土壤呀！如果再不保护耕地，我们中国也要饿肚子了！"杜道生用拐杖重重地戳着坚硬的水泥地说。

只有当眼睛从生活转向书本，杜道生的脑子才会突然开放起来。

2009 年，99 岁
的杜道生带着学生向
孔子敬香

听过杜道生讲课的李镇西记得，老师"时不时会谈到萨达特被刺，朴正熙喋血"。师生之间经常聊到国际风云，甚至朝鲜政局。

"他坚守中国文化，但绝不排斥民主、自由、平等的价值。"李镇西评价说。

杜道生获取新闻的唯一途径就是《参考消息》，那是他最喜爱的一份报纸。每次在报纸上看到好文章，他就用毛笔工工整整地抄下来。

排除了所有现代化设施以后，各种各样的古籍堆满了他的屋子，也占据了他的大脑。在四川师范大学的校园里，看到横幅上的一个繁体字写错一笔，他会停下来找到负责人问清情况。跟学生出去游玩，看到两只狗打架，他会当作教材，告诉学生，"独"字从反犬旁，是因为狗是独居动物，不合群。而"群"字从羊，因为羊是喜群居的动物。

为了汉字，他甚至一度放弃自己少写作的信条。1982 年，在香港《大公报》发表了一篇《汉字——人类心灵的几何学》，提出必须要保存传统文化。

"汉字的改革是对大众讲的，汉字的保护才是我们这些读书人的责任。"杜道生告诉学生。

此后，杜道生被许多媒体称为"汉字守护者"。可在他看来，自己一辈子只做了"当学生和教书两件事"。在当地颇有名望的杜道生从未到过家乡以外的地方讲学。

"自古都只有来学，没有往教。"杜道生坚定地认为，如果想学习，必须到老师那里"求学"，而不是由老师主动找学生。

登门讨学的不少，但要想真正拜他为师，不仅要有学生父母和他的长子参见的拜师宴，学生还要奉上几条咸肉——这是从孔子之时就奉行的拜师礼，只是，不必像古代那样买够十条咸肉。

杜道生一生坎坷。他幼年丧母，中年丧妻，刚入晚年时，16岁的小儿子不幸夭折。在他96岁时，75岁的儿子也离开了人世。杜道生晚年对学生说："我一生都在修养我的仁心，当你把这颗掌管七情六欲的人心锻炼成喜怒哀乐不入于胸的时候，这颗心就是你的本心。"

在学生眼里，杜道生幽默达观，并不像古书那么无趣。北京语言大学教授张维佳记得，有一次杜道生在公交车上被"街娃"（小偷）偷了钱，回来后就把厚纸裁成一沓钱的样子，每张都写上"哈哈，小偷，你上当了"，装在口袋里。

对待自己喜爱的毛笔字，杜道生也没有想象中那么严谨。一两元钱买来的毛笔插在一个破杯子里，墨汁"连一得阁都很少用"，收据、发票、广告传单、烟盒、台历背面，都可能成为他的书写用纸。

从2008年开始，他的身体越来越差，患阿尔茨海默病后，他开始记不住家人的名字了。但是当访客和他提起热爱的古书时，还是能从他滔滔不绝的背诵中看出往日的风采。

对于死亡，杜道生并不恐惧。"死人不可怕，活人才可怕呢。"他对学生说。

2013年，杜道生因为肺炎不得不再一次住进了医院。酷爱中医的他被插满了管子，不能动弹。张炜清楚地记得，在老人最后的日子里，意识不清的时候总是喃喃念叨着，"要回家，要回桂花楼。"

桂花楼在四川乐山，是杜道生出生的地方。他忘记了，20世纪90年代的旧城改造中，那个曾经人丁兴旺，热闹非凡的地方早已被拆除了。

陈卓/文

第四篇　专业操守极简至美

叶笃正（1916—2013）

他的大学专业是物理学，有一次和钱三强打乒乓球，钱劝他，中国需要气象"这门实实在在的学问"。他自此决定改行去学气象学。事业草创之际，国外气象学研究中已经非常普及的气象图，他得亲手画出来。他是中国现代气象学主要奠基人之一、中国大气物理学创始人、全球气候变化研究的开拓者。

叶笃正
擅长绝路逢生的"老气象"

20世纪50年代，在北京西直门内北魏胡同一座破旧的房子里，叶笃正用双手，画出了中国第一张像样的天气图。那是一张500毫巴地面图，相当于离地面5公里左右高度的天气图。半个多世纪后，叶笃正回忆起那段时光，仍能讲出很多细节。图成之后，气象所的十几个人，还一起"庆祝了一下子"。

事实上，这样一张让叶笃正费尽心力的气象图，在国外的气象学研究中已经很普及了，但在当时的中国，绘出一张这样的图，已经让叶笃正高兴地对学生说："天有不测风云的时代在我国该结束了。"

在叶笃正拒绝美国气象局的高薪工作、回国从事气象学研究的60余年后，2013年10月16日，这位终结了"天有不测风云时代"的老人在北京病逝，享年98岁。去世前，他的听力已经严重下降，只能通过纸张上的文字交流。

任何人要梳理中国气象研究的发展史，都绕不开叶笃正的名字。他是中国现代气象学主要奠基人之一，气象所的工作人员将他称为"宗师"，中科院院士吴国雄评价他

叶笃正

"为推动中国大气物理学的发展、为国际气象学的发展作出了巨大贡献"。

叶笃正出生于天津一位满清道台家中，他出生的那年，恰好是中国有了第一份现代意义上的气象记录的一年。但直到14岁之前，一直在家接受私塾教育的叶笃正，恐怕绝对不会想到，自己会用大半生的时间和老天爷打交道。

叶笃正大学读的是物理学，有一次和钱三强打乒乓球，钱三强劝他，中国需要气象"这门实实在在的学问"。叶笃正自此决定改行去学气象学。

预测"老天爷的脸色"，并不是件容易的事情。用叶笃正的话说，他回国的时候，中国的气象学研究"几乎是张白纸"，没有计算机，没有专门的研究机构，甚至没有基础预报需要的气象图。

为了搞清楚影响中国气象的是什么天气系统，控制中国的天气环境是怎样发生、发展的，叶笃正采用了那个时代最先进的技术和分析方法，研究东亚大气环流的演变。

他与陶诗言等人发现，东亚和北美环流，在每年6至10月的过渡季节，有出现急剧变化的现象。这种演变，并非如以往认为的那样逐渐变化，而是有个突变过程。这些对东亚气象学问题的发现和理论，成为了奠定中国天气预报的重要基础。

这位国家最高科学技术奖、世界气象组织IMO最高奖的获得者，由于拿到过的奖项太多，晚年时，已经记不得自己确切的获奖次数了。

1984年，叶家笃字辈的几个兄弟好不容易聚齐。此时，兄弟几人各有成就——叶笃庄（左二）任中国农科院科技文献信息中心研究员，叶笃义（左四）任民盟中央副主席，大气物理学家叶笃正（中）任中国科学院副院长，叶方（原名叶笃廉，后排右三）刚从中央党校理论部主任职位离休，叶利中（后排右二）重返相声舞台，方实（原名叶笃成，后排右一）任新华社机关党委书记

中科院大气物理所的很多科研人员都记得叶笃正的一段话："一个科学工作者一生的经历就好像是一出戏……中科院和大气物理所给了我这个舞台……众多的演员，彼此帮助，这出戏才能够演出成功。"

有时，叶笃正会用武侠小说的情节类比自己的科研状态。他"特别特别欣赏"武侠小说里主角面临困局时，绝路逢生的情节。

"对我很有启发，做研究工作，想了半天不行了，忽然一下子想出来了，这也是绝路逢生。"他几十年来总是随身带个小本儿，会半夜爬起来，记下偶然闪现的灵感。

叶笃正对青藏高原气象学的研究，确实可以用绝路逢生来形容。当时，国内外气象学界一度认为，"世界屋脊"青藏高原超大尺度的地形障碍，严重阻挡了大气的流动，对大气环流产生影响，对中国的气候产生了不利影响。

叶笃正依据极少量的资料提出，青藏高原在夏天是一个热源，冬天是一个冷源。并首先发现，围绕青藏高原的南支急流、北支急流会汇合成为北半球最强大的急流，对东亚的天气和气候影响巨大。他指出，如果没有青藏高原，中国的很多地方都将是一片沙漠。

他不但是第一个指出青藏高原气象重要性的人，也发出了这样的警告：未来一百年内，地球的气温会大幅上升。

在国内研究全球变暖这个课题时，叶笃正觉得，"压力大了"，有人说"全球变化让它去变好了，关我们什么事"。但叶笃正决定，"顶着冷嘲热讽往上做"，就像他最爱读的金庸小说的主角们一样。

2003 年，叶笃正首次提出"有序人类活动"概念，这位当时年近耄耋的科学家，常常感到时间的紧迫。他试着在中国的气候研究中建立一个大的系统工程，涉及政治、经济、外交等方面。

直到去世前两年，叶笃正仍然坚持每天工作，他"想要把这事情搞起来"。

热爱运动、尤其喜欢散步的他，在手记里写着：想做的事情太多了，如果在离开这个世界的时候能够完成大部分，这样的人生就基本没有遗憾了。

张渺 / 文
2013 年 10 月 23 日

情至深处心怀家国

胡适之（1891—1962）

对季羡林先生而言，胡适先生既是"有知遇之恩的恩师"，也是足可引为知己的良友。但六十多年前一别，两人再未相见。等到季先生终于可以跨过海峡造访台湾，与胡先生已是天人之隔。胡、季之间，可见人文传统之赓续，却也有政治隔阂之痛切。

如今二位先生终于在一个没有隔阂的地方相聚。

胡适之
一座墓碑，无尽甘苦

　　我现在站在胡适之先生墓前。他虽已长眠地下，但是他那典型的"我的朋友"式的笑容，仍宛然在目。可我最后一次见到这个笑容，却已是 50 年前的事了。

　　1948 年 12 月中旬，是北京大学建校五十周年的纪念日。此时，解放军已经包围了北平城，然而城内人心并不惶惶。北大同仁和学生也并不惶惶；而且，不但不惶惶，在人们的内心中，有的非常殷切，有的还有点狐疑，都在期望着迎接解放军。适逢北大校庆大喜的日子，许多教授都满面春风，聚集在沙滩子民堂中，举行庆典。记得作为校长的适之先生，作了简短的讲话，满面含笑，只有喜庆的内容，没有愁苦的调子。正在这个时候，城外忽然响起了隆隆的炮声。大家相互开玩笑说："解放军给北大放礼炮哩！"简短的仪式完毕后，适之先生就辞别了大家，登上飞机，飞往南京去了。我忽

第五篇　情至深处心怀家国

193

然想到了李后主的几句词："最是仓皇辞庙日，教坊犹唱别离歌，垂泪对宫娥。"我想改写一下，描绘当时适之先生的情景："最是仓皇辞校日，城外礼炮声隆隆，含笑辞友朋。"我哪里知道，我们这一次会面竟是最后一次。如果我当时意识到这一点的话，这是含笑不起来的。

从此以后，我同适之先生便天各一方，分道扬镳，"世事两茫茫"了。听说，他离开北平后，曾从南京派来一架专机，点名要接走几位老朋友，他亲自在南京机场恭候。飞机返回以后，机舱门开。他满怀希望能同老友会面。然而，除了一两位以外，所有他想接的人都没有走出机舱。据说——只是据说，他当时大哭一场，心中的滋味恐怕真是不足为外人道也。

适之先生在南京也没有能待多久，"百万雄师过大江"以后，他也逃往台湾。后来又到美国去住了几年，并不得志，往日的辉煌犹如春梦一场，它不复存在。后来又回到台湾，最初也不为当局所礼重。往日"总统候选人"的迷梦，也只留下了一个话柄，日子过得并不顺心。后来，不知怎样一来，他被选为"中央研究院"的院长，算是得到了应有的礼遇，过了几年舒适称心的日子。适之先生毕竟是一书生，一直迷恋于《水经注》的研究，如醉如痴，此时又得以从容继续下去。他的晚年可以说是差强人意的。可惜仁者不寿，猝死于宴席之间。死后哀荣备至，"中央研究院"为他建立了纪念馆，包括他生前的居室在内，并建立了胡适陵园，遗骨埋葬在院内的陵园。今天我们参拜的就是这个规模宏伟极为壮观的陵园。

次子胡思杜（后排右）曾发文批判父亲，后自杀身亡

我现在站在适之先生墓前，鞠躬之后，悲从中来，心内思潮汹涌，如惊涛骇浪，眼泪自然流出。杜甫有诗："焉知二十

载，重上君子堂。"
我现在是"焉知五十
载，躬亲扫陵墓"。
此时，我的心情也是
不足为外人道也。

胡适与蒋介石合影

我自己已经到望
九之年，距离适之先
生所呆的黄泉或者天
堂乐园，只差几步之
遥了。回忆自己80
多年的坎坷又顺利的一生，真如一部二十四史，不知从何处说起了。

　　积80年之经验，我认为，一个人生在世间，如果想有所成就，
必须具备三个条件：才能、勤奋、机遇。行行皆然，人人皆然，概
莫能外。别的人先不说了，只谈我自己。关于才能一项，再自谦也
不能说自己是白痴。但是，自己并不是什么天才，这一点自知之明，
我还是有的。谈到勤奋，我自认还能差强人意，用不着有什么愧怍
之感。但是，我把重点放在第三项上：机遇。如果我一生还能算得
上有些微成就的话，主要是靠机遇。机遇的内涵是十分复杂的，我
只谈其中恩师一项。韩愈说："古之学者必有师。师者所以传道、授
业、解惑也。"根据老师这三项任务，老师对学生都是有恩的。然
而，在我所知道的世界语言中，只有汉文把"恩"与"师"紧密地
嵌在一起，成为一个不可分割的名词。这只能解释为中国人最懂得
报师恩，为其他民族所望尘莫及的。

　　我在学术研究方面的机遇，就是我一生碰到了六位对我有教导
之恩或者知遇之恩的恩师，我不一定都听过他们的课，但是，只读
他们的书也是一种教导。我在清华大学读书时，读过陈寅恪先生所
有的已经发表的著作，旁听过他的"佛经翻译文学"，从而种下了研
究梵文和巴利文的种子。在当了或滥竽了一年国文教员之后，由于
一个天上掉下来的机遇，我到了德国哥廷根大学。正在我入学后的
第二个学期，瓦尔德施米特先生调到哥廷根大学任印度学的讲座教

授。当我在教务处前看到他开基础梵文的通告时，我喜极欲狂。"踏破铁鞋无觅处，得来全不费功夫"，难道这不是天赐的机遇吗？最初两个学期，选修梵文的只有我一个外国学生。然而教授仍然照教不误，而且备课充分，讲解细致，威仪俨然，一丝不苟。几乎是我一个学生垄断课堂，受益之大，自可想见。二战爆发，瓦尔德施米特先生被征从军。已经退休的原印度讲座教授西克，虽已年逾八旬，毅然又走上讲台，教的依然是我一个中国学生。西克先生不久就告诉我，他要把自己平生的绝招全传授给我，包括《梨俱吠陀》《大疏》《十王子传》，还有他费了 20 年的时间才解读了的吐火罗文，在吐火罗文研究领域中，他是世界最高权威。我并非天才，六七种外语早已塞满了我那渺小的脑袋瓜，我并不想再塞进吐火罗文。然而像我的祖父一般的西克先生，告诉我的是他的决定，一点征求意见的意思都没有。我唯一能走的道路就是：敬谨遵命。现在回忆起来，冬天大雪之后，在研究所上过课，天已近黄昏，积雪白皑皑地拥满十里长街。雪厚路滑，天空阴暗，地闪雪光，路上阒静无人，我搀扶着老爷子，一步高，一步低，送他到家。我没有见过自己的祖父，现在我真觉得，我身边的老人就是我的祖父。他为了学术，不惜衰朽残年，不顾自己的健康，想把衣钵传给我这个异国青年。此时我心中思绪翻腾，感激与温暖并在，担心与爱怜奔涌。我真不知道是置身何地了。

二战期间，我被困德国，一待就是十年。二战结束后，听说寅恪先生正在英国就医，我连忙给他写了一封致敬信，并附上发表在哥廷根科学院集刊上用德文写成的论文，向他汇报我十年学习的成绩。很快就收到了他的回信，问我愿不愿意到北大去任教。北大为全国最高学府，名扬全球；但是，门槛一向极高，等闲难得进入。现在竟有一个天赐的机遇落到我头上来，我焉有不愿意之理！我立即回信同意。寅恪先生把我推荐给了当时北大校长胡适之先生，代理校长傅斯年先生，文学院长汤用彤先生。寅恪先生在学术界有极高的声望，一言九鼎。北大三位领导立即接受。于是我这个三十多岁的毛头小伙子，在国内学术界尚籍籍无名，公然堂而皇之地走进了北大的大门。唐代中了进士，就"春风得意马蹄疾，一日看遍长安花"。我虽然没有一日看遍北平花，但是，身为北大正教授兼东方语言文学系主任，心中有点洋洋自得之感，不也是人之常情吗？

在此后的三年内，我在适之先生和锡予（汤用彤）先生领导下学习和工作，度过了一段毕生难忘的岁月。我同适之先生，虽然学术辈分不同，社会地位悬殊，想来接触是不会太多的。但是，实际上却不然，我们见面的机会非常多。他那一间在孑民堂前东屋里的狭窄简陋的校长办公室，我几乎是常客。作为系主任，我要向校长请示汇报工作，他主编报纸上的一个学术副刊，我又是撰稿者，所以免不了也常谈学术问题，最难能可贵的是他待人亲切和蔼，见什么人都是笑容满面，对教授是这样，对职员是这样，对学生是这样，对工友也是这样。从来没见他摆当时颇为流行的名人架子、教授架子。此外，在教授会上，在北大文科研究所的导师会上，在北京图书馆的评议会上，我们也时常有见面的机会。我作为一个年轻的后辈，在他面前，绝没有什么局促之感，经常如坐春风中。

适之先生是非常懂得幽默的，他决不老气横秋，而是活泼有趣。有一件小事，我至今难忘。有一次召开教授会，杨振声先生新收得了一幅名贵的古画，为了让大家共同欣赏，他把画带到了会上，打开铺在一张极大的桌子上，大家都啧啧称赞。这时适之先生忽然站了起来，走到桌前，把画卷了起来，做纳入袖中状，引得满堂大笑，喜气洋洋。

这时候，印度总理尼赫鲁派印度著名学者师觉月博士来北大任访问教授，还派来了十几位印度男女学生来北大留学，这也算是中印两国间的一件大事。适之先生委托我照管印度老少学者。他多次会见他们，并设宴为他们接风。师觉月作第一次演讲时，适之先生亲自出席，并用英文致欢迎词，讲中印历史上的友好关系，介绍师觉月的学术成就，可见他对此事之重视。

适之先生在美国留学时，忙于对西方，特别是对美国哲学与文化的学习，忙于钻研中国古代先秦的典籍，对印度文化以及佛教还没有进行过系统深入的研究。据说后来由于想写完《中国哲学史》，为了弥补自己的不足，开始认真研究中国佛教禅宗以及中印文化关系。我自己在德国留学时，忙于同梵文、巴利文、吐火罗文以及佛典拼命，没有余裕来从事中印文化关系史的研究。回国以后，迫于没有书籍资料，在不得已的情况下，开始注意中印文化交流史的研究。在解放前的三年中，只写过两篇比较像样的学术论文：一篇是《浮屠与佛》，一篇是《列子与佛典》。第一篇讲的问题正是适之先生同陈援庵先生争吵到面红耳赤的问题。我根据吐火罗文解决了这个问题。两老我都不敢得罪，只采取了一个骑墙的态度。我想，适之先生不会不读到这一篇论文的。我只到清华园读给我的老师陈寅恪先生听。蒙他首肯，介绍给地位极高的《中央研究院史语所集刊》发表。第二篇文章，写成后我拿给了适之先生看，第二天他就给我写了一封信，信中说："《生经》一证，确凿之至！"可见他是连夜看完的。他承认了我的结论，对我无疑是一个极大的鼓舞。这一次，我来到台湾，前几天，在大会上听到主席李亦园院士的讲话，中间他讲到，适之先生晚年任"中央研究院"院长时，在下午饮茶的时候，他经常同年轻的研究人员坐在一起聊天。有一次，他说，做学问应该像北京大学的季羡林那样。我乍听之下，百感交集。适之先生这样说一定同上面两篇文章有关，也可能同我们分手后十几年中我写的一些文章有关。这说明，适之先生一直到晚年还关注着我的学术研究。知己之感，油然而生。在这样的情况下，我还可能有其他任何的感想吗？

在政治方面，众所周知，适之先生是不赞成共产主义的。但是，我们不应忘记，他同样也反对三民主义。我认为，在他的心目中，世界上最好的政治就是美国政治，世界上最民主的国家就是美国。这同他的个人经历和哲学信念有关。他们实验主义者不主张什么"终极真理"，而世界上所有的"主义"都与"终极真理"相似，因此他反对。他同共产党并没有任何深仇大恨。他自己说，他一辈子没有写过批判共产主义的文章，而反对国民党的文章则是写过的。我可以讲两件我亲眼看到的小事。解放前夕，北平学生动不动就示威游行，比如"沈崇事件""反饥饿反迫害"等等，背后都有中共地下党在指挥发动，这一点是人所共知的，适之先生焉能不知！但是，每次北平国民党的宪兵和警察逮捕了学生，他都乘坐他那辆当时北平还极少见的汽车，奔走于各大衙门之间，逼迫国民党当局非释放学生不行。他还亲笔给南京驻北平的要人写信，为了同样的目的。据说这些信至今犹存。我个人觉得，这已经不能算是小事了。另外一件事是，有一天我到校长办公室去见适之先生，一个学生走进来对他说：昨夜延安广播电台曾对他专线广播，希望他不要走，北平解放后，将任命他为北大校长兼北京图书馆的馆长。他听了以后，含笑对那个学生说："人家信任我吗？"谈话到此为止。这个学生的身份他不能不明白，但他不但没有拍案而起，怒发冲冠，态度依然亲切和蔼。小中见大，这些小事都是能够发人深思的。

适之先生以青年暴得大名，誉满士林。我觉得，他一生处在一个矛盾中，一个怪圈中：一方面是学术研究，一方面是政治活动和社会活动。他一生忙忙碌碌，倥偬奔波，作为一个"过河卒子"，勇往直前。我不知道，他自己是否意识到身陷怪圈。当局者迷，旁观者清，我认为，这个怪圈确实存在，而且十分严重。那么，我对这个问题有什么看法呢？我觉得，不管适之先生自己如何定位，他一生毕竟是一个书生，说不好听一点，就是一个书呆子。我也举一件小事。有一次，在北京图书馆开评议会，会议开始时，适之先生匆匆赶到，首先声明，还有一个重要会议，他要早退席，会议开着开着就走了题，有人忽然谈到《水经注》。一听到《水经注》，适之先生立即精神抖擞，眉飞色舞，口若悬河。一直到散会，他也没有退席，而且兴致极高，大有挑灯夜战之势。从这样一个小例子中不也可以小中见大吗？

我在上面谈到了适之先生的许多德行，现在笼统称之为"优点"。我认为，其中最令我钦佩，最使我感动却是他毕生奖掖后进。"平生不解藏人善，到处逢人说项斯"，他正是这样一个人。这样的例子是举不胜举的。中国是一个很奇怪的国家，一方面有我上面讲到的只此一家的"恩师"；另一方面却又有老虎拜猫为师学艺，猫留下了爬树一招没教给老虎，幸免为徒弟吃掉的民间故事。二者显然是有点矛盾的。适之先生对青年人一向鼓励提掖。40 年代，他在美国哈佛大学遇到当时还是青年的学者周一良和杨联升等，对他们的天才和成就大为赞赏。后来周一良回到中国，倾向进步，参加革命，其结果是众所周知的。杨联升留在美国，在二三十年的长时间内，同适之先生通信论学，互相唱和。在学术成就上也是硕果累累，名扬海外。周的天才与功力，只能说是高于杨，虽然在学术上也有所表现，但是，格于形势，不免令人有未尽其才之感。看了二人的遭遇，难道我们能无动于衷吗？

我同适之先生在孑民堂庆祝会上分别，从此云天渺茫，天各一方，再没有能见面，也没有能互通音信。我现在谈一谈我的情况和大陆方面的情况。我同绝大多数的中老年知识分子和教师一样，怀着绝对虔诚的心情，向往光明，向往进步。觉得自己真正站起来了，大有飘飘然羽化而登仙之感，有点忘乎所以了。我从一个最初喊什么人万岁都有点忸怩的低级水平，一踏上"革命"之路，便步步登高，飞驰前进；再加上天纵睿智，虔诚无垠，全心全意，投入造神运动中。常言道："众人拾柴火焰高。"大家群策群力，造出了神，又自己膜拜，完全自觉自愿，绝无半点勉强。对自己则认真进行思想改造。原来以为自己这个知识分子，虽有缺点，并无罪恶；但是，经不住社会上根红苗壮阶层的人士天天时时在你耳边聒噪："你们知识分子身躯脏，思想臭！"西方人说："谎言说上一千遍就成为真理。"此话就应在我们身上，积久而成为一种"原罪"感，怎样改造也没有用，只有心甘情愿地居于"老九"的地位，改造，改造，再改造，直改造得懵懵懂懂，"两缦渚崖之间，不辨牛马"。然而涅槃难望，苦海无边，而自己却仍然是膜拜不息。通过无数次的运动一直到十年浩劫自己被关进牛棚被打得一佛出世二佛升天，皮开肉绽，仍然不停地膜拜，其精诚之心真可以惊天地泣鬼神了。改革开放以后，自己脑袋里才裂开了一点缝，"觉今是而昨非"，然而自己已快到耄耋之年，垂垂老矣，离开鲁迅在《过客》一文讲到的长满了百合花的地方不太远了。

至于适之先生，他离开北大后的情况，我在上面已稍有所涉及；总起来说，我是不十分清楚的，也是我无法清楚的。到了1954年，从批判俞平伯先生的《红楼梦研究》的资产阶级唯心论起，批判之火终于烧到了适之先生身上。这是一场缺席批判。适之远在重洋之外，坐山观虎斗。即使被斗的是他自己，反正伤不了他一根毫毛，他乐得怡然观战。他的名字仿佛已经成一个稻草人，浑身是箭，一个不折不扣的"箭垛"，大陆上众家豪杰，个个义形于色，争先恐后，万箭齐发，适之先生兀自岿然不动。我幻想，这一定是一个非常难得的景观。在浪费了许多纸张和笔墨、时间和精力之余，终成为"竹篮子打水，一场空"，乱哄哄一场闹剧。

适之先生于1962年猝然逝世，享年已经过了古稀，在中国历代学术史上，这已可以算是高龄了，但以今天的标准来衡量，似乎还应该活得更长一点。中国古称"仁者寿"，但适之先生只能说是"仁者不寿"。当时在大陆上"左"风犹狂，一般人大概认为胡适已经是被打倒在地的人，身上被踏上了一千只脚，永世不得翻身了。这样一个人的死去，有何值得大惊小怪！所以报刊杂志上没有一点反应。我自己当然是被蒙在鼓里，毫无所知。十几二十年以后，我脑袋里开始透进点光的时候，我越想越不是滋味，曾写了一篇短文《为胡适说几句话》，我连"先生"二字都没有勇气加上，可是还有人劝我以不发表为宜。文章终于发表了，反应还差强人意，至少没有人来追查我，我心里一块石头落了地。最近几年来，改革开放之风吹绿了中华大地，知识分子的心态有了明显的转变，身上的枷锁除掉了，原罪之感也消逝了。被泼在身上的污泥浊水逐渐清除了，再也用不着天天夹着尾巴过日子了。这种思想感情上的解放，大大地提高了他们的积极性，愿意为祖国的繁荣富强贡献自己的力量。出版界也奋起直追，出版了几部《胡适文集》。安徽教育出版社雄心最强，准备出版一部超过两千万字的《胡适全集》。我可是万万没有想到，主编这一非常重要的职位，出版社竟垂青于我。我本不是胡适研究专家，我诚惶诚恐，力辞不敢应允。但是出版社却说，现在北大曾经同适之先生共过事而过从又比较频繁的人，只剩下我一个人了。铁证如山，我只能"仰"（不是"俯"）允了。我也想以此报知遇之恩于万一。我写了一篇长达 17000 字的总序，副标题是：还胡适以本来面目。意思也不过是想拨乱反正，以正视听而已。前不久，又有人邀我在《学林往事》中写一篇关于适之先生的文章，理由同前，我也应允而且从台湾回来后抱病写完。这一篇文章的副标题是：毕竟一书生。原因是，前一个副标题说得太满，我哪里有能力还适之先生以本来面目呢？后一个副标题是说我对适之先生的看法，是比较实事求是的。

我在上面谈了一些琐事和非琐事，俱往矣，只留下了一些可贵的记忆。我可真是万万没有想到，到了望九之年，居然还能来到宝岛，这是以前连想都没敢想的事。到了台北以后，才发现，50 年前在北平结识的老朋友，比如梁实秋、袁同礼、傅斯年、毛子水、姚从吾等等，全已作古。我真是"访旧全为鬼，惊呼热中肠"了。天地之悠悠是自然规律，是人力所无法抗御的。

我现在站在适之先生墓前，心中浮想联翩，上下五十年，纵横数千里，往事如云如烟，又历历如在目前。中国古代有俞伯牙在钟子期墓前摔琴的故事，又有许多在挚友墓前焚稿的故事。按照这个旧理，我应当把我那新出齐了的《文集》搬到适之先生墓前焚掉，算是向他汇报我毕生科学研究的成果。但是，我此时虽思绪混乱，但神智还是清楚的，我没有这样做。我环顾陵园，只见石阶整洁，盘旋而上，陵墓极雄伟，上覆巨石，墓志铭为毛子水亲笔书写，墓后石墙上嵌有"德艺双隆"四个大字，连同墓志铭，都金光闪闪，炫人双目。我站在那里，蓦抬头，适之先生那有魅力的典型的"我的朋友"式的笑容，突然显现在眼前，50 年依稀缩为一刹那，历史仿佛没有移动。但是，一定神儿，忽然想到自己的年龄，历史毕竟是动了，可我一点也没有颓唐之感。我现在大有"老骥伏枥，志在万里"之感。我相信，有朝一日，我还会有机会，重来宝岛，再一次站在适之先生的墓前。

后　记:

　　文章写完了。但是对开头处所写的 1948 年 12 月在孑民堂庆祝建校五十周年一事，脑袋里终究还有点疑惑。我对自己的记忆能力是颇有一点自信的，但是说它是"铁证如山"，我还没有这个胆量。怎么办呢？查书。我的日记在"文革"中被抄家时丢了几本，无巧不成书，丢的日记中正巧有 1948 年的。于是又托高鸿查胡适日记，没能查到。但是，从当时报纸上的记载中得知胡适于 12 月 15 日已离开北平，到了南京，并于 17 日在南京举行北大校庆五十周年庆祝典礼，发言时"泣不成声"云云。可见我的回忆是错了。又一个"怎么办呢"？一是改写，二是保留不变。经过考虑，我采用了后者。原因何在呢？我认为，已经发生过的事情是一个现实，我脑筋里的回忆也是一个现实，一个存在形式不同的现实。既然我有这样一段回忆，必然是因为我认为，如果适之先生当时在北平，一定会有我回忆的那种情况，因此我才决定保留原文，不加更动。但那毕竟不是事实，所以写了这一段"后记"以正视听。

季羡林／文

1999 年 5 月 14 日

梁思礼（1924—2016）

　　火箭系统控制专家、中科院院士梁思礼是梁启超最小的儿子。1929年梁启超逝世时，梁思礼只有4岁多。但在梁思礼的心中，父亲的影响却伴随了他的一生。

　　梁思礼说："我们从父亲那里继承的最宝贵的东西就是'爱国'。父亲生前曾说过，'人必真有爱国心，然后可以用大事'。这一句话，影响了我的一生。"

梁思礼
饮冰室飘出传奇乐章

　　1927年3月30日，梁启超在给大女儿梁思顺的家书中写道：3岁的老白鼻（老baby）得病已过一月，证明由百日咳转到肺炎，我现在心很乱，正在靠临帖来镇静自己，希望他能度过危关。

　　89年后，同样因为肺病，梁启超口中的"老白鼻"——最小的儿子梁思礼没能转危为安，于4月14日10时52分在北京去世。作为"梁门三院士"中的一位，梁思礼是中国科学院院士和中国航天事业的奠基人之一。

　　梁思礼的家门口设有一个简易灵堂，花圈和鲜花已然让狭小的空间"超载"。前来吊唁的有亲人、老院士和高级官员。还有从广东"打飞的"赶来的年轻人，为"梁老师"送上3朵黄菊、4朵白菊，鞠上三个躬后匆匆离开。

　　书房里的蓝色制氧机还泛着气泡。角落里那台银色CD播放机安然若素，旁边还堆着梁思礼精挑细选的唱片。

他是真正的音乐发烧友。仅柴可夫斯基的六部交响乐，他就有两套，"一套卡拉扬的，一套马尔文斯基的"。

"如果现在还在家，他应该还在听着各种轻快的交响乐。"梁思礼的小女儿梁红说。

家里一直播放着《圣桑b小调小提琴协奏曲》。圣桑称这首曲子为"两山夹一湖"：一、三乐章是激情的高山，第二乐章则是平静的湖泊。欢快与沉静的情绪不断交替。

早在几年前，梁思礼就在遗嘱里说，希望去世后播放这首曲子，还强调"不要放哀乐，不必悲痛和沉痛"。

如同离世后享有的安详，他生命最开始的岁月如同一支摇篮曲，缓慢地摇曳。

父亲梁启超称呼这个小儿子"老baby"，汉化为"老白鼻"叫起来更亲切。他在家书里细致地描写老白鼻："老baby好玩极了，从没听见哭过一声，但整天的喊和笑也够他的肺张开了……这几天有点可怕——好咬人，借来磨他的新牙。"

梁启超在饮冰室写作的时候，一般不喜欢人打扰，但唯独老白鼻能去。趁着父亲的休息时间，他每天总来搅局几次。

"我看到他是那么的疼我、爱我。"梁思礼回忆说。

如今，梁思礼书房黑色书架上摆放着一整套《饮冰室文集》，书的旁边还挂着梁启超用过的毛笔。笔身上刻印着"饮冰室主人"几个字，涂料是绿色的。

有人评价说，梁家子弟是具有"饮冰室血统"的中国人。周恩来总理第一次见到梁思礼时，直接说："你很像你的父亲梁启超。"

当人们问起梁思礼，父亲对他最大的影响什么？他几乎毫不犹豫地说："爱国。"

对于经历过战争、国难和海外漂泊的人而言，爱国不是一个宏大而抽象的概念。梁思礼见过英租界戈登公园门口挂的"中国人和狗不得入内"的牌子，目睹自己的母校南开中学被炸时，日本飞机俯冲而下，一颗炸弹从机体脱出，顿时烟尘滚滚。

梁思礼是伴着激昂的《义勇军进行曲》归国的。那是在 1949 年夏，在美国获得自动控制专业博士学位后，梁思礼决定回国。乘船回国途中，他随身携带着无线电收音机。

轮船走了 20 多天，有一天中午，轮船行驶在宝蓝色的太平洋里，收音机里突然传来了中华人民共和国成立的消息，还说国旗是五星红旗。

五星红旗到底是什么样呢？梁思礼找来一块红布，在中间放上最大的星，四个角上再分别摆一个小星。在大海上，他一边唱着歌，一边挥舞着凭想象制作出来的"五星红旗"。

回国后，政治潮流不时裹挟而来。岁月如同一支复调乐曲，有欢歌，也有咏叹，时代沉浮和个人命运交织进行。

梁思礼先是遭到诬陷。1952 年，在完成国内无线电天线建造工作后，他因一笔钱财"来路不明"而被拘留。

梁启超的九个子女 1908 年合影

当时正值"五一节"。窗外传来阵阵歌声，歌中唱着"五星红旗迎风飘扬"。他本想像 3 年前一样唱出声来，可难过和委屈一下子涌上心头："为什么现在不信任我？不让我唱？为什么我爱国爱得这样难？"

问题最终查清楚，这笔钱是母亲王桂荃卖了老宅子得来的钱。当时的邮电部副部长王诤为他平反，这令梁思礼"有一种士为知己者死的感觉"。

作为中国航天事业的奠基者之一，梁思礼和那代航天人在时代的杂音里寻找胜利的凯歌。1962 年，中国第一枚中近程导弹正在进行发射试验。当时，踌躇满志的梁思礼的第三个孩子即将出生，他和妻子约定，男的就叫梁凯，女孩就叫梁旋。

凯旋的日子并未如期而至。导弹像喝醉了一样，摇摇晃晃，头部冒着白烟，落在了发射阵地前 300 米的地方，炸出一朵蘑菇云和 2 米多深的大坑。这次实验失败了。

"我认为失败的教训对我们的成长更为重要。我们要把坏事变成好事才行。"他淡淡地说。当年梁思礼的小女儿出生,名字还叫梁旋。

经过两年的卧薪尝胆,设计师们对导弹做了大量改进工作,之后连续试射 8 次都获得了成功。

正当航天事业奏起昂扬的协奏曲时,"文革"开始了,梁思礼被"靠边站"。在周恩来的指示下,梁思礼等一些高级工程师被保护起来,吃住都在图书馆里。

"但行动上要随时报告,天天被审查,每天等着挨抓。"他干脆剃光了头随时准备去坐牢。

对真理的追求,始终是梁思礼人生的主旋律。

到了 1970 年,北京搞"大会战",要求在 100 天内将一枚导弹送上天。由于很多产品不合格,元件和焊接都存在问题,很多工作需要梁思礼团队重新做,时间一拖再拖。

老同事孙凝生回忆,在一次会上,领导问梁思礼:"你说还要多少天?"

"最少 20 天。"梁说。

"胡说,我问过工人,他们说只要 15 天。"

虽然挨了批,可梁思礼

2012 年,梁思礼院士在天津中德职业技术学院讲解 CZ-5 新一代大运载火箭

回去又干了 100 天。就在他认为准备完毕了,上头突然说:不发了,这发弹已经"老"了。

梁思礼和技术人员不同意,认为上天的可能性还是很大的,"即使失败了也可以发现薄弱环节"。梁思礼与上级争执不下。

最后,周总理拍了板:发。火箭在空中画出了一条弧线,虽然打远了几百公里,但方案得到了考验,获得了基本成功。

梁思礼总想让坏事变成好事,犹如一部交响乐中奏起低沉的段落之后,总是会出现激昂部分,慢板之后大都会出现快板。

"唯有'悲观病'最不可医。悲观是腐蚀人心的最大毒菌。"父亲家书里的话一直都在激励着他。

在女儿梁红眼中，"梁门三院士"里，父亲的成长最不易。"没有受过爷爷的荫护，但他一直很乐观豁达。"说这话时，梁红的语气依然柔和缓慢，但音量有所增加。

父亲离开人世的时候，梁思礼只有 5 岁。但父亲的影响，随着血缘和家传，一直伴随着他。

"若哭丧着脸挨过几十年，那生命便成为沙漠，要来何用？"梁思礼常说。

在人生最灰暗的时候，梁思礼的心里也会奏鸣着轻松的田园交响曲。有一段时间，他被下放到河南正阳"五七"干校，当了一年猪倌儿。梁思礼倒觉得自己"当时猪养得不错"。

和他一同下放的杨德生至今仍记忆犹新："'梁主任'变成了个老农民，戴着个草帽，胳膊上戴着白袖套，白皙的皮肤变得黝黑，鞋子上沾满了泥，老远就和我打招呼。"

漫长岁月中，他并不能把所有坏事都变成好事。1973 年，母亲王桂荃去世了，当时梁思礼想为母亲奔丧，但未获批准，理由是"需要划清界限"，结果母亲尸骨无存。

梁思礼的大儿子左军因为祖母这件事患上严重的抑郁症。30 岁那年，左军选择跳楼自杀——那天正好是梁思礼夫妇的结婚纪念日。

这成为梁思礼人生中最悲伤的两个乐章。

政治的风波逐渐平息，岁月日渐老去，梁思礼的生命乐章转向了深层平静的基调。

梁思礼总说音乐唱片越来越难买。他的挑选几近苛刻，作曲家、曲名、指挥、出版商，统统有讲究。有时，国外的发烧友会给他寄贝多芬的第五、第七和第九交响曲。

对他来说，除了音乐，无法将就的事情，还有工作。参加一个项目评议，他认为有的地方"没有吃透"，就坚决不签字，也因此得罪不少人。有些项目负责人见到梁老心里就开始犯嘀咕，甚至干脆就不请他做评审。

"下次还请梁思礼，他仍旧愿意去，建议依然犀利到位，他认为不该签字的仍旧不签。"与梁思礼共事过20多年的一位同仁回忆说，"航天科技集团的人都知道梁老是个直脾气，有啥说啥。"

梁思礼家中的正厅挂着两个女儿送给他的一幅油画：一个超大的奶酪中间，一只小老鼠从中探出了头。这是与时俱进的梁老微信朋友圈的头像，因为他是属鼠的。

他曾经自嘲，"猫有9条命，而我属老鼠的遇到过5次险。"

这一次，梁启超最爱的老白鼻没有继续幸运下去。2015年年底，梁思礼因肺部疾病住进医院，身上插满管子，离不开呼吸机，说话也十分吃力。

他的病房里仍然回响着斯特劳斯的圆舞曲、《天鹅湖》《莫斯科郊外的晚上》《威廉退尔序曲》等节奏欢快的乐曲。有时不小心被人替换成慢板、行板，梁思礼会立即要求"换回刚才的圆舞曲"。

一个安静的午后，梁红和往常一样在医院里给父亲读国际和军事新闻。

"放首歌。"梁思礼用微弱的气声说道。

梁红打开手机，点开了父亲最爱的那首《故乡的亲人》。黑人歌手用浑厚的嗓音唱着："年幼时我在故乡田庄，尽情游荡，不停地唱着愉快的歌，度过那好时光……"

她清楚地看见，父亲的泪水流了下来。

兰天鸣 / 文

2016 年 4 月 20 日

陈祖德 （1944—2012）

他是新中国第一个战胜日本九段的棋手，并迅速成为和雷锋、王进喜一样高大的偶像，还在民间掀起了一股久违的"围棋热"。他 36 岁患胃癌，在死神面前从来都不肯服软。他在病榻上写成的自传《超越自我》，激励了一代年轻人。一位考入大学的农村中学生把这本书送给自己最要好的学弟："你一定要看，没有什么过不去的坎。"

陈祖德
围棋大师的最后落子

这位被称为围棋界泰斗的老人，曾和陈毅、金庸、吴清源交过手，战胜日本"棋仙"时只有 19 岁。聂卫平也曾为了观看他与别人对战而逃课，被妈妈追得躲进了公园的男厕所里。

与陈祖德对弈的，还不仅仅是政治家、名流和围棋高手。死神两度在他对面坐下，他赢了胃癌和输血性黄疸，但最终输给了胰腺癌这个对手。

当人生的棋局进入读秒阶段，这位曾经的偶像戴上了呼吸机、眼睛里充满了水，瘦得不成样子。

他于 2012 年 11 月 1 日晚在北京协和医院结束了自己的"棋局"。4 天后，上千人闻讯从全国各地赶来，参加一场短暂的追思会。按照遗愿，他的骨灰将撒入流经故乡上海的黄浦江。大厅中，只有一张他身穿西服、侧着身子淡淡微笑的照片。

他的故事留在历史里。曾经
痴迷围棋的一位中年人回忆说，
自己用泥巴和纸片做棋子，中午
骑车飞奔回家听收音机连播陈祖
德自传。更年轻的一代人对这个
名字却非常陌生，有人还把他和
"宋祖德"联系在一起。

1956年，12岁的陈祖德（左）与国内一流棋手对弈

如果只是看照片，人们会
用儒雅这个词来形容他，但那些熟悉他，或者与他交过手的人知道，
这个看上去谦和的人，骨子里非常刚毅。他喜欢雨果和拿破仑，爱
看拳击，喜欢和人掰手腕。即使坐在棋盘前，他喜欢的也是短兵相
接，他所代表的"中国流"布局，就是以快速进入战斗而闻名。

即使对面坐的是大人物，他也不会在棋盘上留情面。10岁时，
陈祖德和时任上海市市长陈毅下过一盘棋。这个瘦弱、一说话就脸
红的小男孩，一旦捏起棋子，就忘了老师"要讲礼貌"的叮嘱，而
是猛杀猛砍、步步紧逼。那时，他学棋刚刚3年，老师是教过吴清
源的顾水如。

陈毅非但没有生气，还在吃饭时对这位小朋友说："陈祖德，你
要把老前辈的本事都学过来，要超过他们。"这位打仗时都把围棋袋
子搭在马屁股上的元帅，希望中国的围棋能在10年后赶超日本。

但在当时，两国棋手的水平相差悬殊。年长的中国棋手至今还
会提起，一个5段的日本老太太横扫中国棋坛的往事。在那个闭塞
的年代，中国棋手只能定期去新华社剪报，搜集《读卖新闻》上每
天连载的棋局"豆腐块"来学习。

上世纪60年代，围棋还承载着中日民间交流的"政治任务"。
已经是职业棋手的陈祖德从上海到北京集训，是访日代表团里最年
轻的队员。第一次去日本，18岁的他紧张得被日本媒体形容为"好
像在接受入学考试"。

不过，就是这个看上去像文弱书生的年轻人，一年后在北海公
园悦心殿里，战胜了被称为"棋仙"的日本9段棋手杉内雅男。面

对这个下棋好像撒豆子一样的日本中年人，陈祖德牺牲了 3 个子，又弃了 6 个子，才打开了局面。经过 9 小时鏖战，最后赢了对手半个子。

尽管《人民日报》只是平淡地以《中日围棋手在京进行两次友谊赛》为题进行报道，但中国棋手战胜日本 9 段的消息传出北京后，这个戴眼镜的 19 岁青年迅速成为和雷锋、王进喜一样高大的偶像，还在民间掀起了一股久违的"围棋热"。

59 岁的凌兰芳记得，小学时是在《中国少年报》上看到这个消息的。他兴奋地站在教室里，读给同学听。没过几天，班里几个男生就开始学下围棋。他们用黄泥做白子、河里挖的污泥做黑子，调色盘上的凹槽是棋子模型。一下课，几个人就围在一起，纸画的棋盘没下几次就被揉破了。在物质和精神都匮乏的年代，他们觉得，"学了围棋就可以战胜日本了"。

实际上，由于实力悬殊，这场棋是在日本棋手"让先"的情况下才获取胜利的。中国棋手还要再过 20 年才能真正赶超日本。但在当时，陈祖德的胜利被赋予了某种象征意义，"他掀起了我们赶超日本的序幕，"聂卫平说。

然而，因为"文革"爆发，纵横交错的棋盘一度变得空空荡荡。1969 年，国家围棋队被撤销，陈祖德被下放到"五七"干校，后来又分配到北京第三通用机械厂当工人。他并没有放弃，而是不停地给领导写信，呼吁恢复围棋。那时，和他一起分配到工厂的还有 6 位棋手，经常有围棋爱好者慕名前来找"七君子"对弈，其中就有黑龙江农场的聂卫平。

1973 年，在周恩来的努力下，国家围棋集训队恢复。陈祖德还作为廖承志率领的中日友协代表团成员访日。只不过，已经 7 年没有好好下过一盘棋的他在日本一直都在输。有人劝他别下了，可他说："一个真正的棋手哪有打退堂鼓的？棋手可以不要命，但就是要赢，要胜利！"

这个总想着要超越自我的人，即使在"五七"干校打土坯时也一样不肯服输。他还和当地人比赛，半天打 250 块，最后得了严重的腰肌劳损，下棋时只能用一只手托着腰。有一次，他和 12 个小棋手同时对局，下完棋腰疼了 3 天。

"我这辈子，折腾得太狠了。"去世前，他曾对徒弟刘小光这样说。

1975 年，在一次全国性比赛的间隙，陈祖德遇到了这个当时只有 15 岁的年轻人。"来，让我看看你的棋力。"尽管那时他已经很累了，但还是下了一盘指导棋，并没有因为对方是个孩子就流露出随意。

5 年后，这个来自河南的年轻棋手在棋盘上战胜了自己的偶像。也是在那次比赛中，陈祖德开始便血，随后又吐血，被送入医院检查出罹患胃癌。胃被切除了一多半，又因输血感染了黄疸性肝炎。

即使躺在病床上，他还在问："我还能参加比赛吗？"对方没有回答。他把头埋起来哭了，觉得自己连再拼一次的机会都没了。

在医院躺了 5 个月，吃半个煮鸡蛋要花 30 分钟时间，但他并没有就此认输。稍微好转一些，他开始以每天 500 字的速度写自传。"作为一个围棋手，我的运动生命是结束了，但这绝非我的终点，而是我新的起点。陈祖德可以不是围棋手，但陈祖德永远是一个围棋工作者。"他说。

让他被更多人记住的，正是这本名为《超越自我》的自传。1980 年代中期，中央人民广播电台还以连播的形式播出。许多年轻人中午守在收音机旁，被他的励志故事所吸引。一位从农村考入城市的中学生还把这本书送给自己最要好的学弟："你一定要看，没有什么过不去的坎。"

跨过死亡这道坎后，陈祖德离开了棋盘，进入国家体委工作，分管棋牌。即使大学生写信给他希望能派些国手到社团里指导这种小事，他也很快回信，派人落实。

1989 年，陈祖德重回棋坛，两年后成为中国棋院第一任院长。在他任内，中国围棋等级分制度和围棋甲级联赛体系创办。

他保持着一些看上去苛刻的生活习惯，记日记，早上 4 点多起床，放弃专车接送，从方庄步行到天坛附近的中国棋院。8 点前到办公室，先下一盘快棋再上班。

不过，刘小光觉得，性格像棋子一样黑白分明的陈祖德并不适合官场。为了引进国际象棋的一个干部，他在体委办公室里和领导吵了起来。当对方以"要按规矩办"搪塞时，他放下狠话："如果你不答应，我就辞职。"

"一个干部哪能这么干呢。官场上是要柔和、平衡，可他就是这样爱憎分明。"刘小光说。很难想象，这个看上去文质彬彬的人，年轻时曾经因为聂卫平弄丢了他一本世界名著，两人就在宿舍里吵起来还动了手。

因为健康原因，陈祖德在59岁时提前退休，也希望比自己小两岁的副院长王汝南还有接任的机会。"我下来对围棋的发展工作有利。还是退下来更好些，可以干些自己想干的事，多下几盘棋。"他说。

不过，他的生活并没有就此轻松下来。为了给家人更好的生活，他去外地讲棋。每到一个地方，他都会给第二任妻子打电话报平安："我落地了，准备吃饭啦。"他不怎么会理财，也不会跟人谈价钱，对方给多少就是多少，有时难免被骗，只能回来跟刘小光念叨念叨："这人不地道。"

2011年，死亡隔了31年再次前来赴约。他被确诊患上胰腺癌。住院时，只要有力气，他就在病房里慢慢地走，身上还吊着体外排胆液的袋子、插着输液管，别人开玩笑说他是一只散步的"八爪鱼"。

但是这一次，对手没有那么容易被打败。手术后一年，癌症复发。在协和医院的走廊上，他对刘小光说起十几年前的往事："当人大代表时，我是主张安乐死的。我心里有准备，如果最后没有希望，我想选择安乐死。"

可后来，他似乎改变了主意。开始和时间赛跑，整理历史上留下来的经典棋谱。他躺着，除了透析、打点滴，就是摆弄着架在床上的磁力棋盘，对每一张棋谱进行讲解、注释。以前，他每周讲一盘棋，生病后速度反而加快了。只不过他一天比一天瘦，每一次录像的时间也从最初的50分钟缩短到15分钟。

他的思维渐渐跟不上了。别人去医院看他，他说："回去吧。"刘小光觉得，他可能想把剩下的精力都用在未完成的棋谱上。

这个曾经说自己不擅长"收官"的棋手，在 10 月 31 日的下午，突然有所预兆地对刘小光说："万一我来不及，后面的棋谱你来帮我整理。"他看上去很累，但脑子清楚，只是说话的声音有点变了。可当妻子问他有没有话要留下时，他却说："还没到该说的时候呢。"

"他闯过太多次关，听他说话还像觉得自己有希望呢。"刘小光说。

陷入昏迷前，陈祖德突然想起什么似的翻着整理了一半的棋谱，念叨着"白 20 手有问题"。在死亡赢得这局棋之前，他拼尽全力又落下了一枚棋子。

王晶晶／文

2012 年 11 月 7 日

罗国杰（1928—2015）

他被年轻的学生们称为"镇院之宝"。

他是中国马克思主义伦理学的开创者。

最可贵的是，他真正做到了知行合一。学伦理、学道德需要实践，"自己讲出来的必须要做到，做不到就是骗人"。学生过节送他一袋苹果以表尊师之意，他都会断然拒绝。后来调整了方式，以物换物。学生送他一袋苹果，他就送学生两盒饼干。

罗国杰
他用一生"正人心"

尽管他的名字被无数次地印成铅字，出现在书的封面上，分发到一届又一届的大学生手中，可罗国杰的名字对大多数人而言，始终是陌生的。

多年来，这位中国伦理学奠基人长期保持着低调的风格，直到去世。在遗体告别仪式上，前来告别的人有四五百之多，长长的队伍令人咋舌，甚至习近平、张德江、刘云山等党和国家领导人也送来了花圈。

这位享年 88 岁的老者，到底是谁？

在中国人民大学哲学院里，罗国杰被年轻的学生们称为"镇院之宝"。他是中国马克思主义伦理学的开创者，撰写了《马克思主义伦理学》《伦理学》和《伦理学新编》等著作。在他的领导和组织下，中国人民大学建立了本、硕、博三级伦理学培养体系，由此成为全国高校伦理学的研究中心。他带出来的学生称自己为"罗门弟子"。

"罗老是一位得道的儒者。"罗国杰的博士生、现人民大学哲学院教授葛晨虹说，"他惜字如金，讲起话来娓娓道来，却给人一种大千万象掌握在心的感觉。"

课堂上，罗国杰把儒者概括为具有广博的学识、儒雅的风范气度和胸怀天下的情怀。在中国人民大学哲学院教授焦国成眼里，老师罗国杰这三种品质都具备。

罗国杰讲课无须看讲义。在他的课堂上，不论是中国古代哲学，还是西方哲学思想史的很多内容，他都能大段大段地背诵出来。讲述《春秋左传》里面的伦理思想时，他用"隐桓庄闵僖文宣成襄昭定哀"一口气串起鲁国的 12 位君主，令焦国成至今难忘。

在外人看来，伦理学有点儿太过学术，不大接地气儿。他的学生、华夏出版社原副总编辑林建初刚考上研究生时也曾问道：伦理学专业对国家到底有什么用？

罗国杰回了 3 个字："正人心"。

"人的心正了，什么事都有秩序，人的心坏了，就总想着钻空子，法律管不胜管。"他引用西汉儒家的代表人物贾谊的话："法者，禁于已然之后，理者，禁于将然之前。"意思是，法律是等别人犯了罪之后，再来惩戒；而道德却在人犯罪之前，就制止了恶行。

如何使得伦理学不空洞？

罗国杰坚持：学伦理、学道德需要实践，"自己讲出来的必须要做到，做不到就是骗人"。

为了做到"不骗人"，这位老者近乎执拗。学生过节送他一袋苹果以表尊师之意，他都会断然拒绝。

后来，不忍看到学生难堪，老师在方式上做出了调整：以物换物。学生送他一袋苹果，他就送学生两盒饼干，或两管崭新的钢笔。

事情到了自己和家人身上却变得没有缓和的余地。1956 年作为调干生来人民大学读书之前，他已是处级干部，当时的工资每月有100 元。到了人大，他主动写信给自己在上海的原工作单位，要求把工资降到 40 元，理由是：没有在原岗位做出很大贡献。

在人民大学担任副校长主管人事工作时，他让妻子提前退了休，还禁止学校录用正在找工作的儿子和儿媳。学校给他配了车，跟老伴儿一起出门时，罗国杰坐学校的车，老伴儿只能坐公共汽车。

罗国杰夫妇的感情十分深厚，在他后期病重意识不清时，口中时常呼唤老伴儿张静娴的名字。

老人家里，除了必要的家具，再无一点装修，墙上除了一幅字外，无任何饰品。床上的被褥，身上的中山装，几十年来都是那一套。早期住在人大林园家属楼的时候，家中的木制旧沙发油漆已经脱落，用手摇晃近乎散架。

老先生却对此不以为意。"老师经常说要'关心他人''关心社会''关心国家'，道德总是与对社会的献身精神紧密联系在一起的。"学生严春红回忆道。

2014 年 12 月，罗国杰被授予吴玉章终身成就奖，并获得 100 万元的奖金。坐在家里的旧沙发上，他和老伴儿做出了将 100 万元全部捐作奖学金的决定。"老两口说这事儿的时候，语气轻松得就好像送出去的只是一本书而已。"当时在场的焦国成说。

平日里比较沉默的老人关注时事，每天看报纸，晚上 7 点钟，更是雷打不动地坐到电视机前看新闻。焦国成时常看到老师拿着剪刀做剪报，用曲别针分门别类。

这位生于 1928 年的老共产党员推崇马克思主义和集体主义的基本道德原则。2012 年入学的严春红曾和老师讨论过：社会主义市场经济条件下，还应不应该坚持集体主义道德基本原则。罗国杰说要坚持，因为"要为国家考虑"。

他还对社会上的道德滑坡问题，撰文批评满口"钱钱钱、利利利"现象。

他曾提出要"以德治国"，后在 2000 年被中央采纳，成为治国方略。当时恰逢"依法治国"的方略提出不久，罗国杰的主张在法学界一时间掀起了不小的争议。

曾与罗老一起参与编撰过高校教材的法学教授陈大文记得，当时自己年轻气盛，还曾当面质问过罗老"干嘛出这种主意"。

罗国杰教授在工作

"以德治国已经成为中央决策，作为一名教师应该与中央保持一致，这是政治纪律。"罗老平静地说，他接着又从道德是法治的基础，法治是道德的保障的角度解释了自己的观点，强调以德治国并不是不要依法治国，二者要相互结合。

"从治理社会上讲，依靠道德的力量是最长远、最有效，也是成本最低的。"他说。

罗国杰很早便开始关注腐败的问题，他曾忧心忡忡地对学生说：如果腐败问题不能很好地治理，国家就危险了。对于腐败者，他的看法是：自作自受恶有恶报，但我们不能幸灾乐祸。

谈及道德对治理社会的作用，罗国杰总能引经据典，这和他酷爱读书密不可分，身体还硬朗的时候，他常常蹬着"永久"牌的28自行车"搜刮"海淀、新街口一带的旧书店。住在人大林园时，靠墙的三面大书橱都被藏书塞得满满当当，放不下的书堆到地中间，没几天发现，地板被压得凹陷。家里所有的书他都通读过，与人谈及某一内容，老人起身便能从书橱里找到相应的文献。

有一次，学生拜访他，他神秘兮兮地说，"我这里有好书给你看看。"学生刚伸出手，罗老赶忙说："这是明版书，看看就好了，不能摸哈。"罗老常看的书都被包上了书皮。

与博览群书同样为弟子们所仰慕的，是他写论文的速度。年轻时，他几乎可以达到每3天一篇论文的速度，但却从来不急着发表。总要把论文放在教研室搁几天，待征求同事和学生们的意见，反复修改过才肯投稿。焦国成还记得，罗老曾在1986年组织并写作一本名为《中国伦理思想史》的书，因为对部分内容不满意，这份书稿改了22年，直到2008年才首次出版。

3月13日，是罗国杰追思会举行的日子。这一天虽然有些冷，却阳光和煦，没有雾霾和阴雨，正如这场追思会的气氛——哀而不伤。

天南海北的弟子们因为老师而重聚，望着遗像中罗老清瘦而温和的脸，弟子们忍不住你一言我一语地交换着彼此对恩师的回忆。

有人记得老师对自己父亲般的关怀。学生生病时，罗国杰和老伴儿亲自熬鸡汤、煮粥，送到学生手里。看到学生骑着破旧的自行车，罗老还曾硬塞给对方500块钱，买新车用。

"我爱我的学生。"罗国杰不止一次地对弟子们说。病榻上，他仍能准确地叫出每一个前来看望他的学生的名字。

他对底子略薄的学生更为用心，却小心翼翼地不着痕迹。严春红入罗门之前没有伦理学的基础，罗老便让她参与《中国革命道德》（简编本）的再版和《马克思主义价值观研究》的索引制作与校订，用多做事情的方式积累经验。时至今日，她仍然感激老师用这样的方式帮她在学术上树立自信。

罗老的1997届博士生、人民大学哲学院教授肖群忠至今仍留存着33年前罗老写给自己的第一封信。泛黄的稿纸上，罗国杰用毛笔写下荀子《劝学》里的语句"锲而不舍金石可镂"，鼓励肖群忠对待学问持之以恒。

那时的肖群忠还是"西北偏僻地方的一名师范学院大三学生"，读过罗老的书，对伦理学感兴趣，因而鼓起勇气给罗老写了封信，却并未指望着收到回复。

时隔不久，他不仅收到了老先生的回信，还收到了老先生寄来的书——黄皮的《马克思主义伦理学》上下卷，"这套书后来成为了教材，但当时尚未出版，只在学界内部流通，实属珍贵"。

"字如其人，罗老的字同他本人一样的温润。"肖群忠说。

但焦国成在整理老师遗物的时候，却第一次发现老师温润以外的品质。他看到了罗国杰在解放后与昔日同济地下党战友们的合影，照片背后，是老师熟悉的字迹，写着照片里每一个人的名字。这张照片让他触摸到老师的峥嵘岁月，他开始觉得，老师的字迹里透露着某些坚硬的东西。

事实上，这些坚硬的品格一直都在。2013 年年初，86 岁的老人因颅内出血动了开颅手术，切去了巴掌大的一块颅骨，身上一直插着胃管。

住院的时候，他坚持要住在普通病房。学生们想请医院为老师换一个单人间，坐在轮椅上的老人急得直摆手：我不要换好病房！

病情稍有好转，他又对着家里那台老台式电脑整理书稿。他使用五笔输入法，字根烂熟于心，打字飞快，"为了节省时间。"他说。

他的腿脚早在几年前就已经不灵便，他只好用大脑和手指与时间赛跑。2012 年年底发病的前一天，他还对着电脑工作到晚上 8 点，那一年里，他整理出版了 3 本书，在期刊上发表了 4 篇文章。

时间却对他愈发吝啬。病重时，他时常陷入昏迷。清醒的间隙，罗国杰还记挂地问身边的学生：论文开题了吗？

学生说：老师，您先保重身体，等您病好了，我把论文读给您听。老人频频点头，口中不断重复：好，好，我会坚持，我会坚持。

"要坚持"，是他一生中对学生重复最多的一句话，另一句则是：按照自己的思考去做，错了也没关系，只要我们真正追求真理。

张莹／文

2015 年 3 月 18 日

杜润生 （1913—2015）

这个一生低调，从不大声说话的老人，大概从没想到，他走后，会是海啸般的纪念。

"农村改革之父""农村改革参谋长""杜润生走了，一个时代结束了"……各种各样的论述，聚光灯一样将他笼罩其中，推向台前。而生前，"杜润生"三个字从未在媒体上这样频繁出现过。

杜润生
绕着绕着就破了局

"看着黑色的，直接开门让进吧"

杜润生在2015年10月9日晨6点20分在北京医院病逝，享年102岁，灵堂设在木樨地22号院的杜家客厅，从2015年10月11日开始，前往吊唁的人就没停过。门口的保安，已看惯了或穿着黑服或手捧花篮的人，"看着黑色的，直接开门让进吧，"一个保安对另一个小声说道。

差不多15平方米的客厅被急匆匆收拾出来，设作灵堂。靠墙的两个大书柜里塞满了关于经济、农村的书，塞不下的书被扔在了阳台上，窗外便是长安街。

照片上的他，穿着浅色的西服，微笑着。前来吊唁的人，神情肃穆，在老人照片面前，深深鞠躬。

"兼收并蓄，有办法使歧见趋一致"，他的门生写下这样的挽联。在这个到处堆满书籍，需要扒拉一块才有地方坐的客厅，他们常遭到杜老的提问，有出差回来的常被问及"那里农村怎么样了，你讲讲"。为了照顾他，有时他们会特意去农村跑一趟，"讲讲"。

国务院原副总理、第八届、第九届全国人大常委会原副委员长田纪云站在这个七八个人就转不开身的灵堂，眼神定定地望着照片里的他，"杜老是农村改革的开拓者之一，有同志称他为农村改革的参谋长，名副其实。党中央 1982 至 1986 年连发五个'1 号文件'，就是在他的主持下起草的，对推动和深化农村改革起了重大作用。"

他的老友、92 岁的杜导正提起笔，用力写下："中国人永远记着你"，墨透纸背。

杜老老家山西太原阳邑的村长要富生，也接到了老人去世的消息。2006 年他第一次当选村长时，就跑到北京来拜访他从小仰慕的杜老。

第一次见面，杜老和他谈了两个多小时，他说："我这一生，从没受过这么深的教育。"老爷子一直把他送到大门口。那一年，杜老92 岁。

再后来，他去看杜老，杜老已在医院。他走进去，杜老从床上坐起来，握着他的手说，"哦，村长来了。"

弟子翁永曦不同意"杜润生时代"的说法，他解释说，在当时的党和国家权力序列中，杜老师是个小人物，不在决策者之列，"杜老师充其量只是一个高级幕僚"。

可就是这样一个只是提供咨询意见的"幕僚"，坚守，亦有折冲，在农民与官方之间，在持不同观点的干部之间来回穿梭，推动结束了对"包产到户"长达 30 年的争论。

在西黄城根九号院，他带领的一批年轻人，从 1982 年起连续 5 年，主持起草的五个中央"1 号文件"，确立了中国农村改革发展的路线图。"九号院"甚至成为那个"激荡着创造与梦想的 80 年代"的标志。

如今在广大农村再普遍不过的"包产到户"，在被视为改革开放起点的中共十一届三中全会，仍是"不许"。包产到户作为改革的发端，推动了农村乃至中国经济体制改革，少不了这个干瘦的老头，被众人称作破局者的杜润生。

"我们欠农民太多"

晚年的杜润生，已不愿过多回顾自己的贡献——他把那归结为农民自己的发明。他更强调面对复杂性和多样性国情，"尊重农民选择"和"调查先行"的重要性。

1989 年，农村政策研究室撤销。76 岁的杜润生正式离休。离休之际，他原本有调往中办的机会，却舍不下为之关注一生的农民，"我还是留在农口吧。"他说。

逝世前，他挂念的也是"农口"那些事。

直到 2009 年他住进医院，20 多年间，他几乎每天早上都要走进砖塔胡同那间为他存留的办公室，即使在 2003 年非典时，他也没间断过。"整幢办公楼，就他办公室开着。"

在那间光线昏暗，白天也需要开灯的办公室，他写下了"当时我们认识到，中国的农村改革，一切'便宜'的方法已经用尽；如果不触动深层机构，就很难再前进一步"。

办公室冬天极冷，要靠电取暖烤手，而在转型中的中国让他停不下来。他戴着茶色的眼睛，弓着身子趴在堆满书的书桌上，干瘦的手一笔笔写下一个又一个议题：免农业税、破除制造二元体制的户籍制度，警惕因征地而造成农民流离失所，警惕权贵资本主义、保护生态环境……

"我们欠农民太多。"这个干瘦的老头用力写道。

他不止一次地，向跟他请教的门生强调，解决三农问题涉及中国深层的政治经济体制问题，是个系统工程，不能指望毕其功于一役。

"一口吃不成胖子不是？"他说。

直到今天，他的门生们还记得他的那句"要接地气，不进村入户，不了解农民的真实情况，就制定不出好的农村政策"。就连带他出去吃自助餐，这个爱穿浅色西服，显得干净整洁的老头"也会先去别人桌上看看他们点了什么"。

"菜从哪进的啊，价格多少啊，他跟服务员聊天的时间超过吃饭的时间，"张木生忍不住笑了笑，停顿几秒后，又陷入沉默。

岁月的痕迹在杜老身上越来越明显，腿脚不灵便，听不到了，说话也不清楚了，和家里的几十只猫生活在一起。可他脑袋还清楚，还在思考。

他20多次地提及建立农民协会，让农民有自己的代言人。

他又时时不忘还有两个方面没破题，"一个是如何用市场机制激励人，一个是如何用民主政治团结人。你们要努力。"

即便最后的时日他多数时候都在昏睡，但听到感兴趣的"农口"问题，他又能"兴奋地醒着"。

他喜欢跟年轻人交流。"每次我去见他，他都招着手，让我快坐在他身边。"53岁的徐庆全回想起老人，微微笑着，对《中国青年报》记者说。杜老任一家刊物的顾问，他不是"顾而不问"的那种挂名，"9点的会，老人家8点半就到了"。

杜老指出年轻人的错误时从不给答案，"得自己找，自己悟"。

"这个地方，你是不是再查一查"，他掏出画得勾勾横横的材料。如果你给的答案不对，他会凑到你跟前，"是不是再查一查"，直到你自己找到答案。

年轻时穿中山装黑布鞋的杜润生，晚年更爱西装、软底皮鞋。他从来不抗拒新鲜事物，第一次使用手机时，快90岁的他笑着打给就坐在他身边的门生张木生。他抛弃了80年代常用的钢笔，改用更简便的中性笔。他甚至给电脑装了语音程序，希望语音输入就能写作，可"山西太原话"电脑无法识别，只得悻悻作罢。

杜老90岁寿辰时，经济学家周其仁那句"我想不到今生今世还会有哪个称号像这个（徒子徒孙）称号，能让我们引以自豪"引起在场人一片掌声。那天到会的"徒子徒孙"很多，周其仁之外，还有陈锡文、林毅夫、张木生、翁永曦等。

杜老有着"纵横折冲"的智慧，"沟通说服"的能力，有人以大秘书长、八级泥瓦匠来称赞他的平和实际。然而熟知他的门生旧故都明白，这个生于清皇室崩溃之际，见证了中国一个世纪浩浩荡荡的老人，他的聪慧、坚持与隐忍，全缘于他作为老派知识分子、老派共产党人的赤子之心。

"可以……可以……也可以……"

很难将这个戴着一顶灰不溜秋的帽子，常绕着小区走步的干瘦老头，与掌握"重权"的他联系起来。这个"绕"字正是他破局的精义。

"文革"结束后的 1979 年，杜润生重回农口，出任刚刚成立的国家农业委员会副主任，主管农村政策研究，那一年，杜润生已 66 岁。

1979 年冬天，凤阳县小岗村的 18 户农民暗中搞起了后来名留青史的"大包干"，他们托付了自己的妻小，在"生死状"上按下了手印。30 年后，他们的这个举动被誉为"打响了中国农村改革的第一枪"。

然而，1979 年，在中共党内领导层中，大多数人还在反对包产到户。

在一次讨论"包产到户"的省市区第一书记座谈会上，因分歧太大，会议已无法继续。杜润生突然撇开了"包产到户"的话题，讲起了温饱问题应该如何解决。事到最后，竟然扭转乾坤，形成了著名的 1980 年"75 号文件"，肯定包产到户是一种解决温饱问题的必要措施。

这个"绕"字诀，国务院原副总理万里曾有过描述：有些话我们说了不成，润生圆起来一说，大家就同意了。

这个有名的 75 号文件，被后来人们概括成了"可以可以也可以"：在一般地区，集体经济比较稳定，"可以使群众满意的，就不要搞包产到户"，对于边远山区和贫困落后的地区，"可以包产到户，也可以包干到户"。这便是有名的"杜氏公式"。

人们说，只有他想得出这种鬼使神差的词语组合，不只决策层达成了共识，文件发下去，农民也都看懂了，他们记住了"可以……可以……也可以……"，于是兴高采烈地选择了最后那个

"可以"。

"他把党内干部队伍关于包产到户、包干到户引起的关于道路和方向的争论高度简化为'责任制'三个字上面。他把'责任制'三个字作为一个支点，居然几年之内很平稳地撬翻了1949年以来农村的经济制度和社会制度，还成功启动了中国整个经济领域的改革。这是大手笔，大智慧！"已近70岁的翁永曦用手指敲着桌子说道。

中央文件对包产到户的提法从原来的"不许"到"不要"、"可以可以也可以"到"长期不变"。重大的改革就在字里行间发生。

制度经济学家诺斯曾经指出，一旦路径被锁定，除非经过大的社会震荡，就很难退出。已经被锁定的中国土地制度在那个时代看来已经是天经地义、不容置疑的原则。70年代末、80年代初的局面就像是一场拔河比赛，"一边是千军万马的农民，一边是干部"。这场争论终以尊重农民，尊重常识而结束。

这样的智慧，他的门生们能轻而易举地回忆起很多，"一位智慧老人"，张木生微低着头，沉声说道。

杜老不介意年轻人心直口快，即便他带去中南海里的年轻人对着领导来了一句"你们中央想什么"。

"就是让你们这些小家伙为我们老家伙投石问路"，多年以后，已是老人的张木生还记得杜老当时的嘿嘿一笑。

为了让承包制稳当落地，他给戴上了"统分结合，双层经营"的奇特帽子。"大包干就大包干，包产到户就包产到户，何必说得那么复杂，又是统又是分？"电梯里，时年32岁的陈锡文问杜润生。杜回答说："小伙子，你从学校刚出来，可不懂得，在中国有时候一个提法不当，是要掉脑袋的。"

更多这样的语言让他的门生意识到这是在体制缝隙开拓空间的努力。

把"农村改革之父"删掉

某种程度上，杜润生1955年就体会过"掉脑袋"这样的凶险。那一年，作为中央农村工作部秘书长，他和部长邓子恢不配合毛泽东过于急切的农村合作化，被斥为"小脚女人"。此后，邓子恢饱经折磨死去，杜润生跌入政治生涯谷底，没过几年，农工部因"十年没做过一件好事"被撤销，与此同时，人民公社则浩浩荡荡地展开了。

在众多文章浓墨重彩地展示杜润生"文革"平反后的十年农村改革成就时，他离开农工部，被调往中国科学院做秘书长的十年、"文革"被批斗的十年似乎被抽走了一般。

在反右斗争中，为了保护知识分子，他煞费苦心地提出了"初步红"的概念。

什么是"初步红"？就是绝大多数知识分子是热爱祖国的、拥护社会主义的。他们已经初步红了，所以不是资产阶级。

在当时非左即右，非共产主义即资本主义的定式思维下，这个概念保护了一些知识分子。

即便"文革"中挨批斗时，他还在研读马列主义，研究农村改革，"你都被打入十八层地狱了，你还替他们瞎操什么心。"他的夫人忍不住抱怨。

"他重视知识分子，是一个伟大的人。"跟随他多年，80多岁的姚监复对《中国青年报》记者大声喊道。

杜润生几乎没有疾言厉色过，从不批评人，也很少表扬人。却常爱唱"反调"，面对赞成，他会提反对意见，如果反对，他又说赞成；他总是从另外一个方向推敲，寻找反对意见中的合理成分，之后糅合各种意见，形成最大公约数。

"中国的事，不在于你想要干什么，而在于只能干什么。"这是他后来常说的一句话。

在他这种做事风格的熏染下，1982起设立的常被称作"九号院"的中央农村政策研究室，大小不分，争论常有，一派生机。

那些年，老的小的，中央的地方的，部门条条块块的，都常到杜润生那里畅所欲言。

80年代的九号院里，常能碰到一些党的高级领导干部，比如国务院原副总理纪登奎、中央宣传部原部长朱厚泽，他们在调动职务询问意见时，都说去"老杜"那儿。

"我问过他们为什么要来这儿，"翁永曦猛吸了一口烟，半眯着眼，"他们说一个是图心情舒畅，一个是能学到东西。"

其实，杜润生的机构和编制在中央、国务院各部委中，屈居最末；但整个80年代，它在改革决策中的作用和影响力，实际成为中央经济改革决策研究中枢。

杜润生的办公室在九号院偏西的一个平房小院，院子很小，窗外种有海棠树。春季繁花盛开时，院里的年轻人已被他散在各地的田间地头调研，等秋天海棠果满树时，带着调研结果回来的年轻人，在他的带领下总结、呈文，成为一个又一个的"1号文件"。

"如何把千百万农民的呼声，转化为党中央的政策，这是一门极高的艺术。"翁永曦忍不住用指关节敲着桌子，"杜老不是国家最高层的领导人，但是称他为中国农村改革参谋长，中国农村改革之父，名副其实，毫不为过！"

"农村改革之父"这样的提法，杜润生从不放在心上。他一直强调，自己的思想从来是在农民的自发行为、地方的选择和历史经验的教育下逐步形成和变化的，绝非先知先觉的"一贯正确"。

他的门生写道，在出版《杜润生自述：中国农村体制变革重大决策纪实》时，封底清样的介绍曾包括"人称'中国农村改革之父'"，杜润生看后，把这句一笔划掉。

虽然几番劝说，杜润生只有两个字："不行。"

2008年，因为"农村家庭联产承包责任制理论"，杜润生获得了首届中国经济理论创新奖。

95岁的杜润生颤巍巍地站在颁奖典礼上，"家庭联产承包制是农民的发明，我们只是进行了调查研究理论化，"声音生涩、苍老，却字字分明。

因为，这不过是他"尊重农民，让农民真正解放"原则的践行而已。

这位赤子老人，直到生命最后还惦记着，"能给老家村里捐所小学就好了，如果顺带盖个图书馆就更好了"。

北京的 10 月，已是深秋，西黄城根九号院大门紧闭，门口警卫森严。胡同里的风过，隐有呜咽之声。"一盏温暖的灯熄灭了，"一位多年受教于杜润生的学生悲哀地说，"他曾照亮了那个激荡着创造与梦想的年代。"

丁菲菲 / 文

2015 年 10 月 14 日

郑献徵（1900—1969）

"现在有些官员，别说掏钱给大家做事，不把大家的东西化公为私就算好的了，工程质量问题也很普遍。但当时那些人，恨不得修个永远造福人类的工程。在重要的历史关头，艰难的抗战时期，他尽到一个县长、一个中国人的责任。这样一个人应该让大家知道。"

郑献徵
他修的堰渠成了传奇

很难说清郑泽堰到底是默默无闻还是闻名遐迩。

在电脑上将卫星地图的放大键一口气拖到尽头，才能勉强找到它的痕迹：四川绵阳境内一道浅浅的细线，没有任何标注。

这条岸边长着芦苇、水里飘着菜叶和白色垃圾的人工渠道，当地的历史古迹介绍中没有它的任何信息。可关于堰渠的传说，住在附近的老人随便就能跟你"摆"出一段：清朝末年，为了筹款修堰，慈禧太后曾脱下了手上的金镯子；民国时期，县长郑献徵变卖家产，换成4万银元，让堰渠得以延续。

全长46公里的堰渠，曾被视为抗日民族精神的象征。原本只能种旱田的土地，受惠于它，成为出产大米的抗日粮仓。

2006年，当法籍华裔作家郑碧贤去绵阳三台县的乡间寻找这条"细线"时，看到的却跟传奇没什么关系——堰渠旁崖壁上的纪念碑文，在"文革"中被铲掉；石拱桥上刻着的修桥人姓名，已被茂密的竹林掩住；渡槽里生满杂草，河道被鹅卵石和淤泥堵住，防洪闸老化，洪水一次又一次侵袭这里。

郑碧贤打算重修郑泽堰，让它的故事延续下去。沉寂多年的老堰又变得热闹起来：老舍的儿子舒乙为它写全国政协提案，它的命运甚至惊动了水利部部长。而续写传奇的这个作家，就是当年那位郑县长的小女儿。

今天，居然有人用"忠良"形容当年那个被批斗的对象

很长一段时间里，对于郑碧贤来说，这道以她父亲命名的堰渠只是一个遥远的传说。

她曾听大哥说过，父亲在三台县修过一道堰。但她从未见过郑泽堰，也没有机会向父亲打听。10 岁之后，她就没再见过父亲。

1950 年，因为曾是"国民党官僚"，郑献徵被军代表押走，以"拒绝改造"的罪名被判处 7 年有期徒刑。1969 年，父亲在成都去世时，郑碧贤已经被下放到东北农村监督劳动，没有见到最后一面。

这么多年来，父亲的形象已经有些模糊，但郑碧贤记得，家中的抽屉里曾有一张卷成纸筒的老照片，上面全是人。听大嫂说，那是父亲离任三台时，百姓前来送行时拍摄的。当时有人端着一碗水站在路边，意思是说这位父母官"清如水"。但在解放后的政治运动中，照片被家人烧掉了。

郑县长当年在三台到底做了什么？因他得名的那道郑泽堰，现在还在吗？2006 年，郑碧贤从大嫂那里得到了两本父亲的日记，可是其中唯独缺少修堰时期的记录。她决定自己到三台寻找答案。

三台是座拥有千年历史的小县城，曾是川东节度使驻地。杜甫在三台住过两年，专门写诗称颂这里"花浓春寺静，竹细野池幽"。但当 1937 年的秋天郑献徵来到这里时，由于地处偏僻，加上多年军阀割据，三台已经变得"盗匪猖獗，民不聊生"。

这个有些破败的地方，成为郑献徵仕途的起点。那时，他只有37 岁。从北京大学法政学院毕业后，郑献徵一直抱着教育救国的理

念，先后担任过中学和大学校长。后来，学长何北衡把他调进四川省建设厅担任主任秘书长。国民政府迁都重庆后，这个年轻人带着建设大后方的任务，来到三台。

郑碧贤的家中还有几张仅存的老照片，上面的郑献徵戴着圆框眼镜，十分清瘦，看起来更像个书生，而不是掌管一县的官员。但在两年半的时间里，他建成了郑泽堰、接收了内迁的东北大学、实行新生活运动，让这座闭塞的西部县城知道了抗战，不少乡亲学会了说英语。下午，人们坐在街边喝着茶，观看学生足球赛。

70年后，当郑碧贤来到三台时，还能感受到父亲留下的痕迹。听说郑县长的女儿回来了，一位年近九旬的老人拄着拐杖，赶来看看"忠良之后"。几位老人拉着她的手，说起郑县长当年如何智斗恶霸、穿着草鞋上堰渠工地。"郑县长，晓得，晓得，哪个像后头有些龟儿子（四川方言，意思是以后那些坏蛋家伙怎么比得了）。"一位住在郑泽堰边的村民说。

郑碧贤感到特别意外，不知道该说点什么。一直以来，她的父亲被视为国民党官僚、人民批斗的对象。在看守所里，因为拒绝承认自己对人民有罪，郑献徵吞过一整瓶安眠药、用碎玻璃割过血管。如今，居然有人用"忠良"这个词形容父亲，郑碧贤握住那位老人的手，激动得直掉眼泪。

郑县长留在三台最深的那道痕迹——郑泽堰，也还在。如今，村民门口和地里流的水，就是当年堰渠建成后引来的。一位穿花棉袄的老奶奶站在自家的田地间大声对外乡人说："代代人都要把这吃米的幸福记住，以前哪里有这么好过的日子，米是什么样子都不晓得。"

三台县水管所已经退休的老所长李永双告诉郑碧贤，他的父亲当年参与修堰。接任水管所所长时，父亲对他说："你要像管理自己的家产一样管理好这条堰，当年郑县长带领我们修堰不容易。敌人的飞机在头顶上飞，嗡嗡直叫，向我们扔了好多炸弹，涪江水被炸起冲天的水柱，我们没有一个退缩，怕啥子？哪个怕他龟儿子！我们知道有了这条堰，才吃得上白米饭。"

郑碧贤本来只是想来看看父亲修的堰，满足一下自己的愿望而已，她没想到竟让一段被遮蔽的历史重见天日。

要劝人民多种粮食，万众一心，自救救国

全面抗战爆发后，三台县成为大后方的战略要塞。省里的领导打算调整人员，派个可靠的人去那里任职。

仅从日记中看，郑献徵一点也不像个要走仕途的人。上任三台前，他最大的愿望是增加体重、偿还账务、拥有一所简单适用的宅子。一个月花了 200 块钱出去应酬、"随随便便买了些糖果"这种小事，他也要在日记中反省几笔。

有一次，他负责招 3000 名工人，郑家的人却一个也不用，得罪了亲戚。"我们怎么了，我们比别人差吗？""我不能开这个先例。"他说。

周围亲友并不赞同他赴任三台，因为郑献徵一直患有肠胃炎，去那么偏僻的地方身体可能吃不消。他的回答是："事关抗战大业，我应该以身许国，努力抗战救国工作，如果旧疾加重，只要不是不能思考，就一定努力到底，不计较成败，只剩一兵一卒，也要奋斗到底。"

接到任命的第八天，郑献徵就动身上路了。对于三台的发展，这位年轻的官员已经有了初步规划。"要劝人民多种粮食，万众一心，自救救国。"在日记中写完这句话，他还用钢笔在下面画了一道波浪线。

可问题是，想多种粮食，水从哪里来？

那时的三台刚刚经历了连续两年大旱，农作物干枯，小麦收获仅两成，百姓抬着"大佛寺里的老爷"在街上敲锣打鼓求雨。有人逃荒到外乡，剩下的只能高价向邻县购买黄谷，熬汤充饥。

三台县毗邻嘉陵江的支流涪江，但没有堰渠，水流不到田里。近两百年间，当地人多次尝试修堰，最终大多以失败告终。

清朝乾隆年间，三台县民陈所伦创修了一段堰渠，灌溉数年后便荒废。50 年后，他的六儿子陈文韬继承父志，历经 10 年，凿石沟 600 丈，修成一段堰渠，但仅仅 3 年就因为"涪江西徙"废弃。后

来，三台的地方官多次向上级请求修复堰渠，但大多因为工程太艰难不了了之。

1903年，三台"冬干夏旱，连续成灾"，一些地方乡绅再次力主修堰。传说当时慈禧太后见到奏折，也动了恻隐之心，当场脱下手上的金镯子说："没钱拿去卖了修堰吧！"这段堰渠因此又被称作"金镯堰"。

当时七八千人参与施工，完成上游22公里的堰渠，但剩下的工程因为地势复杂，加上农民负担重无法偿还皇款，没有完成。下游的三个乡常年无水，一到农忙，甚至会因为争水发生血案。

兴修水利，是郑献徵在三台颁布的施政纲领中的第一项内容。上任第二天，天一亮，他骑着马，带部下到乡里查看旱情。

刚出县府大门，一个中年男人拦住他的马。

这个46岁的男人叫霍新吾，三台本地人，曾担任29军测绘局局长。三台第一张精准的地图，就是他负责绘制完成的。霍新吾并不是水利专家，但他一次次去都江堰考察，做笔记、画图，希望从中找到家乡治水的办法。

凭着自己摸索，霍新吾绘制出一份三台水利工程的报告，可上交到县政府，半年过去也没回音。当时的县长慢悠悠地抽着水烟，跟他倒了半天苦水，最后说了句："要不，这个县长你来当。"

现在，三台来了新县长，霍新吾带上图纸，打算再试一次。

"老兄，你来得太及时了。"郑献徵听他说完，大笑起来。当天晚上，他和霍新吾连夜给省里写了份报告。

如果这个堰修不成功，我就只有自杀，否则无颜见江东父老

和郑献徵告别不到一个星期，老部下的急件就寄来了，四川省建设厅厅长、水利局局长何北衡以为出了什么大事。

在信中，郑献徵呼吁尽快兴修水利，解决农民用水，并附上霍新吾的测绘图和报告。何北衡看完，马上召集水利专家，开会研究三台治水方案。他鼓励在场的各位，三台也许是"我们第一个农村

水利工程方案"。

在那个特殊的年代，四川北部一个小小的水利工程获得了空前的关注。张澜、卢作孚等人出面提供帮助，四川省主席刘湘亲自去重庆公关。留美博士曹瑞芝等人到三台勘探，时年 27 岁、刚从美国留学归来的黄万里任总工程师。他把家也搬到三台，在工地旁搭了间茅草房，住了 3 年。

霍新吾家的宅子成了这些人的中转站，光吃饭的锅，一年就铲破 4 口。70 多年后，年过九旬的黄万里夫人丁玉隽坐在北京家中的轮椅上，仍记得当年的情景。"霍新吾，记得，他们家的菜烧得好吃，门口那棵黄桷树好大、好香，我总爱摘几朵戴在身上，要香一天。"说起这些往事，她高兴得午饭都多吃了几口。

不过，并不是所有人都支持修堰。住在"金镯堰"附近的村民担心，下游修堰要从他们那里引水，动了龙脉怎么办。另一些人议论，修堰的钱最后还不是要转嫁到老百姓头上，越修越穷。附近的百姓拿着铁锹、棍棒，守在老渠旁边，不让工人靠近。

郑献徵亲自出面召集各乡代表，在三台县的金存寺里召开协调会议。他说："我用乌纱帽担保，明年春耕前完工，不耽误农时，修堰的费用老堰的人不用出一分钱。全中国人民是一家，修堰就是让大家吃上白米饭，支援前线，打败日本鬼子。"

当着藏经楼里菩萨的面，他们杀鸡、滴血盟誓，郑献徵和村民们一齐在菩萨面前下跪，然后在协议上签字、按手印，最后饮尽杯中酒。

1938 年的第一天，郑泽堰正式开工，近两万民工参与施工。没有洋铲，工人用竹篾编成簸箕，铲起土就跑；没有吊车，工人把一米多长的石条绑在竹竿上，在地上洒水减少摩擦力，拖着石条走。

郑献徵和霍新吾也经常穿着草鞋在工地上跑来跑去。当地人很少见过这种"下乡"，一位年过八旬的村民至今想起来，都忍不住笑出声："郑县长穿草鞋，哈哈哈……"

为了缩短工期，昼夜不停工。晚上，每隔一丈远就点着一盏煤气灯照明，邻县的煤气灯都被买来了。村民李心发记得，每到晚上给煤气灯打气时，村里的孩子都跑过来看热闹。晚上6点，沿岸十数里灯火全部点燃，远远望去就像满天的星星。"那景色美啊！"他张大嘴、仰着头回忆说。

想让下游的人吃上水，必须劈山凿洞，还要在两山间架桥，才能让涪江的水流到百姓的家门口和田地间。为此，黄万里设计了一座50米高的桥，桥上的石渡槽里是流水，两边各留一米宽的通道供村民行走。工程竣工时，附近的村民要给它取名"万里桥"。黄万里的父亲黄炎培听说后坚决反对，认为年轻人承受不了这么大的荣誉，后来这座桥以附近的村名命名为"高家桥"。

高家桥的修建过程并不顺利。由于沟底全是烂泥，无法打地基，施工总负责人霍新吾差点在这里送命。当时，他不顾下属劝阻，脱掉衣服，绑上绳子下坑底探查，结果半个身子一下陷了进去。被人拉上来后，已经全身发青。

郑泽堰开工后，霍新吾每天在工地上跑，已经"衣服挂烂，鞋底磨穿，胡子巴茬"，假期儿子回家也都顾不上管。他曾立下重誓："如果这个堰修不成功，我就只有自杀，否则无颜见江东父老。"如今，工程进度耽误了，他躺在用门板搭的床上，急得吃不下东西。

病中第8天，伙夫端来一碗玉米干饭说："霍总你好歹吃点，筷子我给你插在干饭上了。"霍新吾盯着饭碗看了一会儿，突然穿鞋朝外面喊："有了有了，快叫滑竿，去县府！"

插在饭碗中的筷子让霍新吾获得灵感，他想到可以用当地产的青杠树打桩，木头在水里越泡越硬，几十年都不会腐烂。果然，之后几十年中，三台经历了数次地震，高家桥都完好无损。

可当2007年郑碧贤再次回三台，在乡间找到这座被黄万里形容为"彩虹"的石桥时，它已经"差不多快荒废了"。

你给我们家老汉平反了，我们这一家人背黑锅背了好多代哦

历时14个月，堰渠终于完工，向上连通"金镯堰"，向下让清朝末年没有完成的工程得以延续。灌溉区的旱地改成了水田，粮食

逐渐增产。由此，三台有了更多粮食和人力支援前线。这里后来还成为"学生志愿远征军"的发祥地。

这项工程共耗银 50.6 万元，其中贷款资金 47 万，剩下的部分，是郑献徵变卖老家房产凑齐的 4 万银元。郑献徵从没跟子女讲过这件事，他的日记里也没有任何记录，郑碧贤还是从三台乡亲那里才知晓。

为感念郑县长，堰渠竣工时，当地村民代表给它取名"郑泽堰"。

郑泽堰在设计之初，进水口就有两道鱼嘴，可以把涪江的水分流，既起到灌溉的作用，同时也能防洪。但由于资金问题，当时只在进水口修了一个简单的防洪闸。1940 年 5 月，郑献徵突然接到调令，要立即到成都报到。临行前，他对霍新吾等人说，堰虽然修完了，但进水口没有第一道防洪闸，涪江洪水暴发，两岸的冲刷和渠道的淤积一定很严重，请向下一届政府提出建议，有条件的情况下争取资金，建成第一道防洪闸。

可 70 年后，这道防洪闸还是没有建成。

1951 年，金镯堰与郑泽堰两堰合并，更名永和堰。次年春天，因为家中田地房舍多，霍新吾成为"三反五反"对象，被关进一座藏经楼楼梯后昏暗的隔间里，最后自杀。他结束生命的地方，就是当年为修堰，郑献徵和各乡代表歃血盟誓的金存寺。

2008 年，郑碧贤在三台的乡下找到了霍新吾的儿子霍连科。老人已经年过九旬，牙都掉光了。见面那天，他穿了身黑色西装，打了条深蓝色花纹的领带。郑碧贤带着自己编写的介绍郑泽堰历史的小册子送给霍连科，里面有一篇文章专门讲他的父亲为了修建郑泽堰，如何跳进高家桥的泥潭里。

霍连科扔掉拐杖，走上前抱住她，"碧贤啊，你给我们家老汉平反了，我们这一家人背黑锅背了好多代哦！"说完便大哭起来。

霍连科说，他有一次在成都的街头遇到刑满释放的郑县长，但是因为害怕，不敢上前相认。至今在茶馆里聊天提起往事，霍连科还会紧张地四处张望一下，然后压低声音。

郑碧贤向他打听高家桥的设计者。"黄万里嘛!"霍连科说。此时,黄万里也已经去世 7 年了。

黄万里的儿子曾到三台看望霍连科,两家人一起照了相。霍连科拿到照片后摇着头说:"没有碧贤不行。"他翻出第一次和郑碧贤见面时的合影,找人把郑碧贤抠下来,PS 到照片上。这张照片他一直挂在床头,直至去世。

"还挺像。"郑碧贤在书柜里找出这张照片,盯着看了一会儿,笑了。三个曾因郑泽堰联系在一起的家庭,现在只能以这种方式相聚。

我老爹不是在日记里讲了吗,立志必为之事就一定要去做

郑献徵的预言在 70 年后一一应验了。

2006 年郑碧贤走访三台时,水管所老所长李永双指着进水口告诉她,这些年,只要涪江一涨水,农民就遭灾,尤其是 1998 年那场大洪水,十几万亩的土地几乎全淹了。

"当时我们向银行贷款,向职工借钱来维修,退休金只能发一半,一到过年,我们就四处躲债,一下雨,全所员工全部出动,扛着铁锹去修修补补,雨水一大又把它冲垮,难为我们这些水利人呀。"李永双带着浓重的三台口音说,他的眼睛有点湿。现场的气氛变得有些尴尬,陪同郑碧贤前来的领导背着手,站得远远的。

趁着人少,李永双从内衣口袋里掏出一封信,"我们有些事情向你反映,"他紧握住郑碧贤的手。回到宾馆,郑碧贤发现信封里有 3 页老式红条纹的信纸,字很工整,写的全是洪水带来的灾难。

两天前,李永双听说郑县长的女儿从法国回来了,要参观郑泽堰,他和几位老农商量,要把"状纸"递上去。这让郑碧贤觉得有点沉重,她找到了日记中失落的部分,但又看到了郑泽堰几十年后遇到的新问题。

第二次回四川,郑碧贤直接去成都找四川省水利厅反映情况。领导姗姗来迟,喝了口茶,慢悠悠地对她说:"我们四川这样的小河沟多啦,我们管得过来吗?我们管大不管小,如果它是都江堰,要

多少钱都行。"

"它不是小河沟！它养育了 20 万人，十几万亩土地，它有 250 年的历史！进水口急需防洪闸！"郑碧贤急了，拍着桌子大声说。

她决定自己想办法修防洪闸。周围的亲戚朋友都反对，"这是政府的事，你管它干什么，和你有什么关系？""你父亲是个国民党，不找你麻烦就不错，还搞什么女承父业？""你在国外待得时间太长，对国内情况根本不了解。"

"我也反问自己，这个事情到底值不值得做，应不应该做，要不要去努力？"郑碧贤说，"但我老爹不是在日记里讲了吗，立志必为之事就一定要去做。"

2007 年，郑碧贤邀请朋友舒乙到三台县实地勘查。之后，舒乙写了份全国政协提案，呼吁保护郑泽堰。可提案到达省里 4 个月也没动静，负责的领导告诉郑碧贤，我们很重视，但是没有钱。

郑碧贤又去找香港的张学良基金会。东北大学在三台办学 8 年，在经济条件并不乐观的情况下，决定接收东北大学的，正是时任县长郑献徵。

听完郑碧贤的故事，基金会的工作人员表示感动。晚上，他请郑碧贤吃了顿大餐，然后没下文了。

郑碧贤又去沈阳，找东北大学支援。接待她的人说，自己不太了解那段历史。

两年间，郑碧贤找了"所有可以找的人"。后来，别人再冲她伸大拇指，说"你太棒了"这种客套话时，她直起鸡皮疙瘩，"不要再说这种话了，这种话让我伤心。"

住在养老院里的霍连科得知了她的难处。"碧贤，我倒是想帮助你，可我没得钱拿出来。他们，怎么敢这样对你哦？"他气愤地说。

一个偶然的机会，郑碧贤得知，水利部部长陈雷也是东北大学的校友。她托人发了条短信，没敢直接提资金的事，只是说要反映一些情况。2009 年 2 月的一天晚上，正在北京的她接到通知，明天早上可以见部长，有 20 分钟时间。

第二天，在办公室里听完郑碧贤的介绍，陈雷让秘书把计财司和农田水利司的司长请来，一起听听，商量"钱从哪来"。郑碧贤当时并没抱太大期望，两年多来，类似的场面她已经见过太多次。

可她没想到，从水利部回到住处，还没来得及坐下，秘书的电话就打过来了："部长批示下来了。"

一个月后，四川省派了水利专家赴三台实地查看郑泽堰的情况。其中一位专家有些吃惊地说："这么大呀，我原来以为是条小河沟呢。"

他坐下，说了句"这是我爸爸盼了几十年的啊"，眼泪就流了出来

资金的问题终于解决了，当地领导对郑碧贤表示感谢，"感觉这个事就可以画句号了"。可古稀之年的她厚着脸皮"赖"在工地上3个月，穿着运动鞋天天踩鹅卵石走来走去。她担心争取来的资金用不到地方，工程质量会出现问题。

"我其实什么都不懂，但他们以为我父亲是搞水利的，这个可能会继承，所以我也懂。"郑碧贤大笑起来，"其实我只是问问这个水泥什么号，解决一下工程队和政府之间的矛盾。"

这个没名分的"监工"，要处理的问题其实不少。农民围了施工队的吊车，她要管；有人想拿回扣，她要管；包工头不专心施工，她也要管。

好几次，郑碧贤觉得自己快撑不下去了。她只能不断在脑子里想象父亲修堰时的画面。

2010年3月26日，防洪闸一期工程完工。那天，霍连科也来了。他又穿上那件黑色西服，打着蓝色领带，拄着拐杖的手一直在抖。附近的村民搬来一把椅子，他坐下，说了句"这是我爸爸盼了几十年的啊"，眼泪就流了出来。霍连科的儿子站在他身后，轻轻拍着父亲的肩膀。

重修郑泽堰的工程竣工后，进水口拥有了前后3道防洪闸。当年夏天，洪水来了。住在河堤边的农民后来告诉郑碧贤，突然就看见涪江上掀起几丈高的黄浪，"好吓人哦！跑都来不及，我们一大家子人，有牲口有地，咋个跑？幸好新修的闸门管了用，就差50公分

第五篇　情至深处心怀家国

洪水就漫过堤坝了。"

2013 年夏天，又一场洪水过后，郑碧贤的手机都快被打爆了，"水都漫到家门口了，感谢你啊郑大姐，不然我们哭都没地方哭去！"

他尽到一个县长、一个中国人的责任，这样一个人应该让大家知道

2012 年，郑碧贤根据父亲的日记，父亲工作单位的档案资料，以及一百多位老人的访谈记录，撰写了《郑泽堰——民国县长郑献徵传奇》的书稿。"尘封在他日记里的，是一个迥然不同的时代，一个可以追求理想、遵循道德的时代。"郑碧贤说。她打捞出来的，不仅仅是父亲的故事，还有霍新吾、黄万里等一代人遥远的背影。

三联书店的编辑罗少强收到稿件后，当天下午就在电子邮件里给领导回了 4 个字："赔钱也出。"

"现在有些官员，别说掏钱给大家做事，不把大家的东西化公为私就算好的了，工程质量问题也很普遍。但当时那些人，恨不得修个永远造福人类的工程。在重要的历史关头，艰难的抗战时期，他尽到一个县长、一个中国人的责任。这样一个人应该让大家知道。"

郑献徵主持修建的堰渠工地

罗少强说。

填写选题申报表时，罗少强注意到，国家刚刚拨了一大笔钱要进行农田水利建设。"我希望这本书能让一些人得到启发，受到良心触动，把这些工程修得好一点。"

郑泽堰旁边的崖壁上，曾刻有称颂郑献徵的碑文，但"文革"时期，被红卫兵铲平了。如今，郑碧贤在高家桥对面，建造了十米高的郑泽堰纪念碑，上面的碑文由媒体人卢跃刚撰写。

"我去三台一看，完全被吓住了。"卢跃刚说，"郑泽堰完全继承了两千多年前都江堰的治水思想和哲学。"他在碑文中这样写道："李氏父子，陈氏父子，郑氏父女，古今蜀中治水，血脉相承……治水者治国，修堰者修德。"

郑碧贤还打算为黄万里、霍新吾以及当年修建郑泽堰的民工塑像、立碑。但是，霍新吾并没有留下一张照片，留在村民记忆中的他，只有"鼻子很大，人胖胖的"这么一点痕迹。

如今，外乡来三台打工的老唐，也知道了郑泽堰的故事。在高家桥旁边的工地上，听说记者想找当地的老人聊聊郑泽堰，他小声嘟囔了一句："我也能讲。"

"这个桥叫高家桥，有 70 多年历史了，下面灌溉好几个乡镇呢。"他指着不远处整修过的高家桥说，"这就是郑县长，郑大姐的父亲修的嘛……叫郑、郑啥子来着？"

他突然卡壳了，求助似地扭头望向身边的当地村民。

王晶晶／文

2014 年 3 月 26 日

图书在版编目（CIP）数据

民国风度 . 2 / 从玉华，陈卓主编 . —北京：北京联合出版公司，
2017.1（2023.10 重印）
ISBN 978-7-5502-8880-5

Ⅰ.①民… Ⅱ.①从… ②陈… Ⅲ.①文化－名人－生平事迹－中国－民国
Ⅳ.① K825.4

中国版本图书馆 CIP 数据核字（2016）第 252752 号

民国风度 2

主　　编：从玉华　陈 卓
总 策 划：苏 元
责任编辑：李 伟
特约编辑：刘 塍
装帧设计：主语设计

北京联合出版公司出版
（北京市西城区德外大街 83 号楼 9 层 100088）
北京联合天畅发行公司发行
天津旭丰源印刷有限公司印刷 新华书店经销
字数 200 千字　710mm×1000mm　1/16　16 印张
2017 年 1 月第 1 版　2023 年 10 月第 9 次印刷
ISBN 978-7-5502-8880-5
定价：36.80 元